DER ARCHITEKTONISCHE BAUM

JOHANN KRÄFTNER

DER ARCHITEKTONISCHE BAUM

EIN BUCH ÜBER DAS WECHSELSPIEL VON BAUM UND BAUWERK IN LANDSCHAFT, PARK UND SIEDLUNG

Molden Edition
Wien–München–Zürich

Mit 164 Abbildungen nach Photographien von Johann Kräftner,
davon 56 in Farbe, und 45 Textabbildungen

Für Helga und Florian

Das Klebebild auf dem Einband zeigt den Gsinsbach mit der zweibogigen Brücke in Straß (Niederösterreich). Die Titelvignette ist F. G. Baumgärtners Kleinem Ideenmagazin zur Verschönerung der Gärten und ländlichen Gegenden entnommen. Die Bilder auf S. 6 zeigen eine Gruppe von Preßhäusern bei Kleinhain im Zustand von 1974, 1979 und in einer Montage. Die Vignette auf S. 41 stammt von Leon Krier (Haus in der Toskana), auf S. 67 von Franz Lebisch, auf S. 77 und S. 93 von Heinrich Tessenow (Entwurf eines Landgasthauses, 1903, Ausschnitt; Wohnhofbebauung Hohensalza, 1911, Ausschnitt), auf S. 103 von Leon Krier (Wohnbebauung Royal Mint Square, London, 1974, Ausschnitt) und schließlich auf S. 115 von Salomon Kleiner (Bosquet im Park des Gartenpalais Liechtenstein, 1. H. 18. Jh.).

Von diesem Werk wurde im Februar 1980 eine Auflage von 3500 Exemplaren hergestellt.

Herausgegeben von Christian Brandstätter

Der Einbandentwurf und die graphische Gestaltung stammen von Johann Kräftner, das Lektorat erfolgte durch Brigitte Hilzensauer, die technische Betreuung durch Franz Hanns.

Das Werk wurde bei C. & E. Grosser in Linz gedruckt. Die Reproduktion der Farbabbildungen erfolgte ebenfalls bei C. & E. Grosser, die der Schwarzweißabbildungen bei Beissner & Co. in Wien, gesetzt wurde in der Garamond-Antiqua, 10 auf 12 Punkt, bei der RSB Fotosatz Gesellschaft m.b.H. in Wien, gebunden beim Wiener Verlag in Himberg.

1. Auflage

Verlegt von Molden Verlag Wien Gesellschaft m.b.H.
ISBN 3-217-00979-7

INHALTSVERZEICHNIS

Textteil

Tafelteil

DER ARCHITEKTONISCHE BAUM

Zwei Welten prallen beim Zusammentreffen von Baum und Bauwerk aufeinander: die Welt der Natur und die Welt des dem Denken des Menschen entspringenden, durch harte, anorganische Materialien in die Tat umgesetzten Menschenwerkes. Zwei Welten, die wie Feuer und Wasser sein können, es wirklich manchmal auch sind, oder aber einander in möglichst spannungsvoller Einheit als Verbündete zusammenschließen. Oder treffen sogar immer beide Modi zu, stehen Baum und Bauwerk in ständigem Wechselspiel beider Wirkweisen, die einander niemals ausschließen können? Denn natürlich erwächst aus dem Gegensatz des harten, kristallischen Baukörpers zu den weichen, organischen Formen des Baumes jene innere Spannung, die beide in ihrer Kraft steigert, Baum und Haus mit größerer Bedeutung erfüllt, als sie bei einem allein vorhanden wäre. Sicherlich aber gliedert auch die vollkommene Harmonie und Verschmelzung von beiden, ihre Wahlverwandtschaft, das Haus harmonisch in die umgebende Naturkulisse ein und unterwirft es ihr. Es ist ein ewiger Kampf, aus dem schließlich keiner von beiden als Sieger hervorgeht, ein Wettstreit, der aus jedem das Beste herauszuholen imstande ist.

Im Baum, den wir heute zumindest noch antreffen können, wenn wir ihn schon nicht mehr selber pflanzen, finden wir eine der letzten Mythen, die wir in unser Bauen einfließen lassen können, einen der wenigen Archetypen, die wir noch kennen, während sie unsere Architektur sonst alle vergessen zu haben scheint. Darin liegt in unserer an Motiven so armen Zeit ein ungeheurer Wert, den wir uns wieder nutzbar machen sollten. Wenn C. G. Jung die Archetypen als „Formen der Bilder kollektiver Natur" definiert, die auf der ganzen Erde als Konstanten der Mythen und gleichzeitig als autochthone, individuelle Produkte vorkommen, so muß es zweifelsohne auch gestattet sein, den Baum als einen dieser Archetypen zu bezeichnen.

Günther Feuerstein versucht in seiner Studie „Archetypen des Bauens" auf dem Weg von Architektur – über Reduktionsvorgänge – zum Bauen auf jene, bereits Archetypen enthaltenden Elemente zu kommen, die er in der Folge als Urakte bezeichnet. Als primären dieser Urakte definiert er das Aufrichten, durch das schließlich der Mensch selbst sich vom Tier unterscheidet. Der Urakt des Aufrichtens beginnt mit der einfachen Materialaufhäufung zu einem Hügel und findet sein Ziel im Aufstellen von Säulen, das von allen Generationen, die Architekturen schufen, geübt wurde.

Irgendwo innerhalb dieses Spektrums liegt nun auch das Pflanzen des Baumes. Denn wenn Gottfried Semper schon das Aufschichten eines Herdes als Errichtung eines Weiheplatzes bezeichnet, der dann sinnbildlich die Gesamtwelt durch die Macht des von ihm gezähmten Feuers vertritt, ist es eigentlich selbstverständlich, daß der Baum, in dessen Aufragen sich Himmel und Erde verbinden, der alle Elemente, die Luft, das Wasser und das Feuer in sich versammelt, eine Fülle von Bedeutungsinhalten an sich zieht.

Diesem Kreuzungspunkt in der Vertikalen ist der in der Horizontalen adäquat; die Wegkreuzung gilt ja vor allem beim primitiven Menschen als immens wichtiger und bedeutungsträchtiger Ort. Dessen Gewicht wird dann noch zusätzlich durch das Errichten von Säulen verstärkt, denen zur Unterstützung ihrer Wirkung Bäume beigestellt werden; all diese Male, die es immer gegeben hat, erfahren in unserer durch das Christentum geprägten Kultur ihre Definition als Bildbäume oder Bildstöcke und Kapellen.

So wie die Säule in der Architektur Zeichen ist, wenn es gilt, Bedeutsames auszudrücken (Grabsäulen, Triumphsäulen, Obelisken) oder wesentliche Inhalte an einem Platz zusammenzuziehen und zu konzentrieren (Figurenkapitelle), ist das auch der alleinstehende, ebenso bewußt gesetzte Baum. Säule und Baum erfahren häufig ähnliche Interpretation, Weltenbaum und Weltsäule besitzen dieselben Bedeutungsinhalte.

St. Margareten (Burgenland), Blick in die Ortsstraße (nach 1926)
Auf der historischen Aufnahme ist die noch unbefestigte Ortsstraße von Bäumen gesäumt (K. Hielscher, Österreich)

Wie alle Archetypen durchläuft auch der Baum zeit seines Bestehens einen Wandel und Bedeutungsentwicklungen, die sich, vom Symbol des Schamanentums ausgehend, immer weiter von diesem entfernen, wobei gewisse Grundzüge sich jedoch als unabänderlich erweisen. Wir assoziieren mit dem Baum nach C. G. Jung am häufigsten Wachstum, Leben, Entfaltung der Form in physischer und geistiger Hinsicht, Entwicklung, Wachstum von unten nach oben und vice versa, den Mutteraspekt (Schutz, Schatten, Dach, Früchte und Nahrung), Lebensquellen, Festigkeit, Dauer, Verwurzelung (auch: nicht von der Stelle können), Alter, Persönlichkeit und schließlich Tod und Wiedergeburt. Zu dieser Aufzählung kam Jung empirisch nach vieljähriger Erfahrung mit zahlreichen untersuchten Einzelfällen und weist darauf hin, daß sich die Befragten nie an die Quellen ihrer Darstellungen erinnern konnten, was letztlich eben als Beweis dafür dienen kann, daß es sich tatsächlich um archetypische Vorstellungen handelt.

Der Baum steht also in der Welt des Symbols stellvertretend für die große Einheit des Seins, den Kosmos, die Natur, als Weltenbaum, als Mittelpunkt der Welt. Er wird zum Gleichnis der die Welt gestaltenden und beherrschenden materiellen und geistigen Kräfte. Seine Wertschätzung und Verehrung gilt ihm nicht als Naturobjekt, sondern vielmehr den hinter ihm stehenden, die Welt gestaltenden Wesen. Wie bei der Ikone nicht das Bild, sondern der Dargestellte selbst Verehrung erfährt, wird im Baum dem ganzen Kosmos Achtung erwiesen.

St. Margareten (Burgenland), Blick in die Ortsstraße (1979)
In der aller Bäume beraubten Ortsstraße springt der trostlose Zustand zerstörter Architekturen ungebremst ins Auge

Der Weltenbaum vereinigt das Gestern, Heute und Morgen, das Sterben, das Oben und Unten, alle Himmelsrichtungen in sich; er wird zum Symbol für den Lauf der Zeit. Er ist der Baum des Lebens und des Todes zugleich, der Baum des Hoffens und der Erlösung, aber auch der Baum der Verzweiflung und des ewigen Feuers. Er ist Symbol für die Verbundenheit von Mensch und Natur, für den Bund zwischen Himmel und Erde. Im immer wiederkehrenden Ablauf der Jahreszeiten ist er Symbol der Beständigkeit, der Ewigkeit. Er ist es, der allem Wandel eine gewisse Kontinuität verleiht, der gütig auf das Treiben unter sich hinabblickt und es wohlwollend unter den Schutz seines Schattens nimmt.

Der Mensch betrachtet seit jeher den Baum als Spiegelbild für sein Kommen und Gehen, für Geburt, Altern und Sterben, als Gleichnis für Leben und Tod, für die Summe seiner Existenz. Der Baum vereint alle Elemente in sich, schöpft aus ihnen Kraft und entfaltet sich durch sie: Seine Wurzeln finden ihren Halt in den unergründlichen Tiefen der Erde und nehmen dort durch das Wasser ihre Nahrung auf. Die Blätter erzeugen in der Synthese von Wasser, Luft und Licht (Feuer) neue Energie. In der Macht des Menschen liegt es schließlich, diese gesammelten Energien im Feuer für sich zu nutzen, den Baum in den Schoß der Erde zurückfallen zu lassen.

Darin, daß wir Menschen des Kunststoffzeitalters Unvergänglichkeit und Unveränderlichkeit zu Zielen unseres Schaffens erkoren haben, müssen wir einen der Gründe sehen, daß wir mit Bäumen nicht mehr viel anzufangen wissen.

Noch immer aber liegt es im Wesen des Menschen, zu altern, sich kontinuierlich dem Tod zu nähern; Menschsein ist Altern und Sterben. Altern ist der unablässige Vorgang des Reifens, der Übergang von einer Stufe zur nächsthöheren. Altern ist ein Lebensprozeß, Sterben der plötzliche Übergang ins Nichts oder in die Vollendung.

All diese Gedanken scheinen weit weg vom „architektonischen Baum" zu liegen und nichts mit ihm zu tun zu haben. Es ist aber erst die Möglichkeit des Sichänderns, die Parallelität zur Existenz des Menschen, die einen Gegenstand sympathisch erscheinen läßt und eine grundsätzliche Übereinstimmung und Wesensverwandtschaft zwischen beiden erzeugt. Der Baum neben dem Bauwerk ist gleichsam ein Spiegel, der uns durch sein unablässiges Wachstum, durch sein Kommen und Gehen im Wandel der Jahreszeiten, durch sein Überdauern alles Menschlichen immer daran erinnern will. Er mahnt uns wie ein stets aufrechter Zeigefinger an das unabänderliche Schicksal allen Menschenwerks und gibt so unseren Bauwerken den ihnen zukommenden Stellenwert.

Unsere heutigen Architekturen können weder altern noch sterben. Sie werden im Gebrauch immer häßlicher, bis sie schließlich jeden Reiz und alle Faszination verlieren. Sie entfernen sich immer mehr von einem Idealzustand, statt sich ihm anzunähern. Historische Architektur gewann im Lauf ihrer Existenz eine zusätzliche Dimension hinzu, die sie unendlich bereichert und uns heute oft genügt, sie zu erhalten; selbst Ruinen, Skelette der ursprünglichen Bauwerke, üben auf uns große Anziehung aus. Genauso vermag uns auch der Baum, der lange Jahre seines Lebens hinter sich hat, vom Blitz getroffen ist, als dürftiges, aber dennoch majestätisches Relikt seiner einstigen Existenz in seinen Bann zu ziehen.

In der Allee, die selbst divergierendste Architekturen eines Straßenzuges zusammenzufassen imstande ist, wird der Baum zum Symbol der Einheit, der Gemeinsamkeit aller Bewohner. Gerade eine Zeit von solch grenzenlosem Individualismus, wie es die unsere zu sein vorgibt, könnte damit einige ihrer Sünden verbergen und aus der endlosen Aneinanderreihung zerrissener und nichtssagender Häuserfronten wieder so etwas wie eine Straße formen.

Bogenneusiedl (Niederösterreich), Blick in die Ortsstraße
Nicht die Architektur, sondern der von Pappeln bestandene Hochleithenbach legt die räumlichen Dimensionen fest

Das Pflanzen eines Baumes war immer ein Akt der Demut, das Angebot zur Zusammenarbeit, eine Bitte um Schonung vor den Gewalten der Natur. Das Fällen eines Baumes hingegen wird ein Vorgang rebellischen, revolutionären, ja sogar triumphalen Charakters. Dort, wo ein Haus abgerissen, eine Straße verbreitert werden soll, sind es immer zuallererst die Bäume, die verschwinden und als unschuldige, wehrlose Opfer ihr Leben lassen müssen. In ihnen finden blinder Zerstörungstrieb und wilde Aggressionen des Menschen ihr leichtes Ziel. Wer das für übertrie-

Wolfpassing (Niederösterreich), Blick in die Ortsstraße
Nicht mehr die Pappelallee, sondern das kahle Gerinne des Hochleithenbaches und die Beleuchtung diktieren das Ortsbild

ben hält, braucht nur mit offenen Augen einen kurzen Rundgang durch eine unserer Städte zu machen oder über einen von Wochenendhäuschen überzuckerten Hang zu gehen.

Er wird dort keinen Baum finden. Überall tritt ihm die gleiche eingeebnete und glattgebürstete, von dekorativ verteilten Birken, Silbertannen, Zwergkoniferen und weiß Gott welchen exotischen Blütensträuchern übersäte Rasenfläche entgegen. Die Gartenzäune, die das früher freistehende, aber im Gelände doch geborgene Haus umschließen, oder die Buschpflanzungen in den städtischen Bereichen degradieren die Behausung vollends zur Unterkunft von Gartenzwergen ohne jede Monumentalität. Zaun und Busch perfektionieren das Untertauchen in einer anonymen Masse, der jeder echte Wille, seine eigene Persönlichkeit zu zeigen, fehlt. Ängstlich sucht jeder Zuflucht hinter dem sorgfältig am Rosten gehinderten Drahtverhau und seinen eigenen vier Wänden, die zusammen den Schutz vor der großen bösen Welt übernehmen sollen, aber nicht imstande sind, auch nur einen einzigen Einbrecher abzuhalten.

Daß die Bäume verschwinden, begründet Wolf Jobst Siedler in seinem Essay „Welt ohne Schatten" damit, „daß der Glaube an ihr Wachstum geschwunden ist, und niemand zu hoffen wagt, daß sich die Kinder in ihrem Schatten ergehen werden. Im Verschwinden des Baumes aus unserer Kulturlandschaft und in der Ablösung des zeitraubenden Schattenspenders durch schnellwüchsiges Klettergehölz kommt das Mißtrauen in die Gegenwart zum Ausdruck . . ."

Die Peitschenlampe als Symbol der Entwicklung der letzten Jahrzehnte und des Vordringens der „Stadtkultur" auch ins letzte Dorf hat den Baum vertrieben. Die fortschreitende Helligkeitszunahme, die die wegen ihrer Größe und Proportionierung abenteuerlich anmutenden Fensteröffnungen am Tag ins Haus, die an Galgen mahnenden Stahlkolosse auch in der Nacht in den taghell ausgeleuchteten letzten Winkel jeder Siedlung bringen, ist immer der Bannerträger einer Entwicklung, die alle organisch weichen Entwicklungen, wie sie dem Menschen entsprechen, durch anorganisch harte zu ersetzen trachtet. Fast immer ist dies Vorbote einer Zerstörungswelle, die mit dem Umschneiden aller Bäume beginnt, sich in der Asphaltierung von der linken bis zur rechten Straßenseite fortsetzt und in der Auflösung jeder Struktur und Ordnung ihr Ende findet.

Die Welt des Schattens und Halbschattens verschwindet immer mehr, wie Siedler in seinem bereits zitierten Essay schreibt, der diese Wandlung in noch größere Zusammenhänge reiht: Die Öffnung des Hauses nach außen, das Ersetzen des hochrechteckigen Fensters durch das querliegende horizontale Fensterband, die Ablesbarkeit der Funktion des Inneren am Äußeren des Hauses und den Traum vom gläsernen Haus stellt er in eine Reihe mit dem Aufkommen einer Psychologie, die das mühselig Verborgene ans Licht holen will, und mit jener Zudringlichkeit, mit der sich die Öffentlichkeit aller Gebiete des Privaten bemächtigt. „In solchen Zusammenhang gehört auch der Rückzug des breitkronigen Baumes aus unseren Gärten und seine Ersetzung durch kleinwüchsige Importe aus Ostasien und allerlei Krauchendes. Damit verbindet sich mehr als die Ablehnung einer Freizeitwelt gegen die mit dem laubabwerfenden Gehölz verbundenen Mißhelligkeiten. Nicht nur das Verschwinden der schattigen Kühle des sommerlichen Gartens beklagen wir, wenn wir vom mächtig ausladenden Park- oder Gartenbaum Abschied nehmen. Unsere Trauer gilt dem, wovon er ein Zeichen war und also, wenn wir es recht bedenken, dem immer schnelleren Zurücksinken des Gestern. Bevor es ganz hinter dem Horizont verschwunden ist, rufen wir uns sein grünendes Zeichen, den Baum, noch einmal in Erinnerung und gedenken dabei dessen, wofür er stand."

„Wo man baut, pflanzt man Bäume", zitiert Le Corbusier 1927 einen alten türkischen Spruch, bei uns entfernt man sie, kommentiert er die Situation zu seiner Zeit. Wir schneiden sie heute nicht nur um, wir kommen erst gar nicht auf die Idee, neue zu pflanzen. Setzen wir wieder so viel Vertrauen und Zuversicht in die Zukunft, daß wir unseren Architekturen in Landschaft und Siedlung wieder Bäume, richtige Bäume, an die Seite stellen.

BAUM UND BAUWERK IN DER LANDSCHAFT

Das Zusammenspiel von Baum und Bauwerk in der Landschaft ist von außerordentlicher und elementarer Bedeutung.

Der Landschaftsbegriff, den wir gemeinhin verwenden, ist immer mit dem der Kulturlandschaft gleichzusetzen. Naturlandschaft, die auf dem Wege der Zivilisation und Kultivierung ihr Vorgänger war, ist heute bei uns nur noch in einigen Reservaten anzutreffen, auf die sie zurückgedrängt worden ist.

Diese uns heute meistens ästhetisch perfekt – außer wo sie in ihrem ökologischen Erscheinungsbild in einem Verfallsprozeß zerstört worden ist – anmutende Kulturlandschaft ist aber niemals Produkt irgendwelcher ästhetischer Spekulationen (hier wären wir bereits bei dem ganz anderen Gesetzen gehorchenden englischen Landschaftspark angelangt), sondern ausschließlich das Resultat jahrtausendelanger, intensiver Kulturarbeit. Die Stärke und die Selbstverständlichkeit des Ergebnisses dieser Arbeit liegt darin begründet, daß eine Generation die Leistungen der vorhergehenden niemals grundsätzlich in Frage stellte, sondern höchstens einen Schritt weiter zur Vervollkommnung machte. Erst wir können es uns mit Hilfe unserer technischen Möglichkeiten erlauben, alle organischen und harmonischen Entwicklungen in Frage zu stellen, ohne aber in der Regel etwas Besseres anbieten zu können.

Die Möglichkeit der Integration eines Bauwerkes in die Landschaft hängt im wesentlichen von der ihm selbst innewohnenden und nach außen strahlenden Qualität und der Art der möglichst behutsamen Einfügung ab. Alle Gestaltungsrichtlinien und Bauvorschriften können nur eine billige Krücke sein, Allerschlimmstes zu verhindern, echten Spitzenleistungen, die weit über durchschnittlichem Niveau liegen, werden sie jedoch niemals auf die Beine helfen können.

Der Baum kann die Integration eines in der Landschaft stehenden Objekts unterstützen, manchen Fehler verschleiern und so einen Beitrag zu einem harmonischeren Erscheinungsbild leisten.

Das in die Landschaft wirklich gut integrierte Gebäude ist in ihr niemals Fremdkörper, sondern immer Höhepunkt, der die Wirkung eines Stükkes Landschaft unterstreicht und es über die umgebenden Bereiche heraushebt. Ganz klar bringt der italienische Begriff „paesaggio", der die Begriffe Landschaft und Bauwerk in sich vereint, das Verständnis des mediterran-romanischen Menschen dafür zum Ausdruck. In dieser am Menschen orientierten Betrachtungsweise ist die Natur Rahmen und Hintergrund, die seinen Geist und seine Arbeit ins rechte Licht setzen. Natur für sich allein findet im geistigen Konzept dieser Kultur keinen Platz. Gewaltig ist hier der Auffassungsunterschied zum englischen Landschaftspark, bei dem die Naturkulisse den Hauptinhalt bildete, die Architektur aber nur nebensächlichen, fast möchte man sagen dekorativen Charakter besessen hat.

Je elementarer, einfacher und karger diese Architekturen sind, desto stärker wird ihre Wirkung durch den Baum an ihrer Seite unterstrichen. Das einfachste Wegkreuz und der bescheidenste Bildstock werden zum kleinen Heiligtum, stehen sie im Schatten eines mächtigen Baumes. Zum Scheitern verurteilt sind allerdings all die Versuche, Eichen, Linden, Kastanien und Nußbäume, die wir seit jeher mit dem Begriff „Baum" verbinden, durch die dünn emporschießenden Stämme schlanker Birken oder allerlei Nadelbäume zu ersetzen. Sie alle entbehren jeder „Persönlichkeit" und finden erst in der kahlen Heidelandschaft oder im Wald ihre natürliche Heimat.

Sowohl die Birke als auch alle Nadelgehölze, vielleicht ausgenommen die Zirbe, erlangen ihre schönste Wirkung erst im Wald, wo sie nicht mehr als Einzelwesen, sondern nur mehr als ökologische Gesamtheit wirken. Diese Erscheinungsweise ist ähnlich der des einzelnen bescheidenen Hauses im Ensemble einer Stadt, das daraus losgelöst ganz anders auf uns wirkt und plötzlich jeder in der Häuserzeile scheinbar vorhandenen Vollkommenheit entbehrt.

Aber nicht nur Gebäude sakralen Inhalts stellt man unter den Schutz von Bäumen, auch jedes andere freistehende Objekt wird im Bereich ländlichen Bauens oder noch allgemeiner: des Bauens in der Landschaft mit dicht an seinen Wänden stehenden Bäumen bepflanzt. Sie sind es letztlich, die den Stadeln, Preßhäusern und Mühlen viel von der Zufälligkeit nehmen, mit der sie sonst in der Landschaft stehen würden. Die Bäume bilden die unverrückbaren Wurzeln dieser Gebäude, ihre eigentlichen, unerschütterlichen Fundamente, an denen auch nicht einer zu rütteln wagt; wie die Hände einer Mutter ihr Kind an sich drücken, scheint die Natur das ihr anvertraute Menschenwerk entgegenzunehmen.

Das im Verhältnis zur weiten Landschaft unbedeutende Bauwerk bezieht einen Großteil seiner majestätischen Erscheinung und Monumentalität aus dieser innigen und elementaren Beziehung zum Baum; nur so ist es denkbar, daß kleine Zweckbauten weiten Teilen der Landschaft ihren Stempel aufdrücken können, sie identifizierbar und unverwechselbar machen.

Meist wird man sich über diese sonst als selbstverständlich hingenommene Synthese von Bauwerk und Natur erst dann klar, wenn sich durch das Umschneiden mehrerer Solitärbäume das gewohnte Bild in entscheidender Weise verändert hat. Verschwindet der Baum, bleibt die Architektur meist als für sich nicht mehr lebensfähiger Bestandteil zurück, der in seiner Nacktheit und Ausgesetztheit jeden Fehler wie auf dem Präsentierteller zeigt und nichts mehr von seiner einstigen Größe besitzt.

In krassem Gegensatz zu diesem Akt der Unterwerfung steht das Bauen unserer Zeit, das die Gebäude auf plangeebnete Grundstücke mit beängstigenden Böschungen und Einschnitten an seinen Grenzen setzt, die von einer nach allen Regeln der Kunst (des nächstbesten Baustoffhändlers oder Schlossers) gestalteten „Einfriedung" zerniert werden. Das Bauwerk, das aus dem Ringen mit der Natur einen beachtlichen Teil seiner Kraft schöpft, wird zu einem Gebilde, das sich selbstherrlich über sie hinwegsetzt und ewig bestehen will, obwohl seine Lebensdauer von Anfang an nur für eine bestimmte Zeit kalkuliert worden ist. An die Stelle beharrlichen, ehrlichen Kampfes ums Überleben, dessen Gleichnis der Baum ist, der auch das Leben des Menschen von seinem Anfang bis zum Ende prägt, der Natur und Menschenwerk immer näher zusammenbringt und zu einer starken, unzertrennlichen Einheit verbindet, ist der selbstherrliche Akt getreten, der nicht Beginn einer neuen Auseinandersetzung, sondern Todesstoß für ein Stück Kulturlandschaft wird.

Jede topographische Besonderheit wird penibel beseitigt oder von allem Anfang an jenes Dutzendgrundstück in die engere Wahl gezogen, das sie erst überhaupt nicht besitzt.

Nicht nur blinde Zerstörungsswut, die jede markante Lage verwischt und alle Bäume von vornherein beseitigt, zeugt von herrschender Gefühllosigkeit und überall anzutreffendem Unverständnis, sondern auch der fehlende Blick von Bauherrn und Architekten dafür, was Gelände und Bepflanzung als Vorgaben anbieten könnten. Viel zu selten sind die Fälle, in denen beide diese Gegebenheiten ins Kalkül ziehen und unter ihrer Beachtung und Mithilfe das Gebäude, seinen Typus und seine Orientierung entwickeln.

Diese Betrachtungen gelten nicht nur dem einzelnen Objekt, sondern auch der gesamten Siedlung, die sich unter den Schutz der sie umringenden Obstbäume begibt. Auch hier leistete die Bepflanzung viel zum fast unmerklichen Übergang in die umgebende Landschaft, etwas, was nicht als ängstliches Versteckenspiel, wie wir es heute manchmal betreiben, mißdeutet werden darf.

Teilen ist eine der wesentlichsten und elementarsten Aufgaben des Menschen. Bruno Taut definiert in seiner Architekturlehre Architektur als Kunst des Teilens, der Proportion. Für ihn macht erst die Proportion den Architekten zum Architekten, Technik, Konstruktion und Funktion würden erst durch die Proportion zu architektonischen Kunstmitteln. In der Verknüpfung und Meisterung dieser drei Komponenten durch die Proportion liegt für ihn die eigentliche Domäne der Architektur. Und er verallgemeinert, daß schließlich alles in der Welt zueinander in Proportionen stünde, alles bestimmte Verhältnisse hat, in denen sich das Ganze zu seinen Teilen und die Teile untereinander verhalten. „Das sind oft sehr schöne, aber auch sehr häßliche, und zwar zeigt

Bei Granz a. d. Donau (Niederösterreich), am Donauufer Die zwischen Donauufer und Begleitstraße gelegene Pappelallee gliedert die Uferlandschaft

sich das nicht nur in Kunstwerken, sondern auch in der Natur, wo wir die Proportion meist als schön empfinden. Erst mit Hilfe der Proportion können wir das Ganze wie seine Teile wahrnehmen, in uns aufnehmen und zu unserem Eigentum machen." So kann auch die Natur nicht ohne vernünftige Teilung und Gliederung auskommen, und schon ein einziger Baum allein ist in der Lage, einer Landschaftspartie Rhythmus und Gliederung zu geben.

Ein anderes wesentliches Gestaltungselement bilden Bach- und Flußläufe mit ihren in der natürlichen Schwingung des Mäandrierens eingegrabenen Betten. Der Baum als ihr Begleiter läßt sie über weite Bereiche verfolgbar werden und gliedert die Landschaft auf selbstverständliche Art und Weise. Viele dieser Bachläufe sind bis heute

Bei Leobersdorf a. d. Fischa (Niederösterreich)
Kreuzung der Ersten Wiener Hochquellwasserleitung mit dem von Pappeln gesäumten Lauf der Fischa

– diktiert von einer fragwürdigen Technologie – diversen Begradigungen und Regulierungen zum Opfer gefallen, die ihnen in den meisten Fällen ihre eigenen räumlichen Qualitäten und die Fähigkeit, den sie umgebenden Raum einzuteilen, genommen haben. Durch das Entfernen der begleitenden Baum- und Buschpflanzungen und das Betonieren der Uferböschungen entstehen Kanäle, die nur mehr den einen Zweck verfolgen, das anfallende Wasser so schnell wie möglich abzuleiten. Daß das in der Folge – zusammen mit der Entfernung jeder sonstigen gliedernden und die Feuchtigkeit speichernden Flurbepflanzung – zur Austrocknung und Versteppung ganzer Landstriche und zum Absterben und Zusammenbrechen aller ökologischen Vorgänge führen muß, weiß schon Alwin Seifert in seinem 1941 erschienenen Buch „Im Zeitalter des Lebendigen" im Vergleich mit der Situation in Amerika zu berichten: „Sie begrenzen die Äcker und Höhenkurven und machen sich frei vom rechten Winkel – wir begründen mit der Notwendigkeit rechtwinkeliger Felder die Begradigung unserer Bäche und Flüsse. Sie schaffen im hügeligen Gelände Terrasenäcker – wir graben die unsrigen im Laufe der Feldbereinigung ab. Sie legen neue Hecken und Feldgehölze an – wir rotten die aus, die der Reichsforstmeister nicht eben noch unter Naturschutz gestellt hat. Sie führen den Biber wieder ein, damit er kostenlose Staudämme baut, sie stauen Trockenflüsse und setzen Fische dort ein, wo bisher keine sein konnten – wir begradigen und veröden reiche Forellenwasser. Sie halten mit jenen einfachsten Mitteln, die bei uns verachtet werden, mit Hanggräben, Tümpeln, Weihern, Erddämmen in allen Wasserrinnen Regen und Schnee dort fest, wo sie fallen, um sie ohne Verlust ins Grundwasser zu bringen – wir lassen ganze Landschaften ausrinnen."

Die Verbauung des kleinsten Baches im Oberlauf eines solchen Gewässersystems hat zur Folge, daß sukzessive der ganze Lauf hinab bis zu den großen Flüssen dieser Regulierung und Kanalisierung bedarf, weil sie die sonst schlagartig eintreffenden Wassermassen niemals zu fassen imstande sein können. In Normalzeiten fast leere Flußgerinne mit weit freiliegenden, betonierten Uferzonen sind die letzte Folge des im kleinen begonnen Fehlers.

Der einzige Ausweg aus diesem Dilemma ist die Lebendverbauung der Gewässer, die auf jene Technologien zurückgreift, die sich der Pflanze und nicht des Betons als Partner des Menschen bedienen. Kein toter Baustoff kann so wie die Pflanze auf das Wasser einwirken, weil sie sich dauernd aus sich selbst erneuert, während sich toter Baustoff vom ersten Tag seiner Einbringung an immer mehr abnützt und schwächer wird. Ufergehölz wirkt ausgleichend, weil es in Zeiten des Wasserüberschusses erhebliche Wassermengen aus dem Boden absaugt und für kommende Trockenperioden zu speichern fähig ist. Für Seifert liegt der Weg des Verbesserns in der Suche nach dem Naturnäheren, das für ihn immer auch das technisch Vollkommenere ist. Als Korrektur für bereits verpfuschte, linealgerade Wasserläufe schlägt er schließlich eine hohe Allee an beiden Seiten eines solchen Gerinnes vor, um es zu einem bewußt gestalteten Kunstwasserweg zu machen. Nach seiner Meinung wären in Frankreich die Kanäle die schönsten und lebendigsten Glieder der Landschaft, bei uns seien sie meist die ödesten.

Seifert spricht hier von einer Kunstform, die in den großen französischen Parks im kleinen durchexerziert wurde und später auf die Formung und Gestaltung der freien Landschaft übertragen worden ist. Erst durch das Fassen mit begleitenden Alleen werden diese aus technischen Erfordernissen heraus gegenüber dem übrigen Gelände erhöhten Wasserwege räumliche Elemente, die durch die Landschaft ziehen und sie entscheidend gliedern.

Bei vielen unserer Straßen, die ebenso wie die Gewässer ihre rahmenden Bepflanzungen, die Alleen, verloren haben, kann man schon von Verödung sprechen. Fast immer werden praktische Erwägungen als Anlaß für das Umschneiden der Bäume angegeben. Dabei ist es heute aber bereits erwiesen, daß die Allee die Verkehrssicherheit verbessert, weil sie insbesondere bei schlechter Sicht den Verlauf der Straße am besten angibt. Jeder wird sich bei Fahrten in der Nacht, im Nebel oder bei dichtem Schneetreiben schon davon überzeugt haben. Durch ihren Rhythmus verkürzen Alleen außerdem die zurückzulegenden Entfernungen und verringern die Ermüdung, und im Sommer ist es viel angenehmer, im Schatten der Bäume zu reisen, als dauernd der prallen Sonne ausgesetzt zu sein. Auch notwendige Straßenverbreiterungen sind oft ohne Verluste an Baumbestand durchführbar, wenn man zwischen den Baumreihen bloß eine der Fahrbahnen beläßt, während die zweite an deren Außenseite verlegt wird.

Els (Niederösterreich), Bildstock unter Baum
Von den Wurzeln eines mächtigen, beschützenden Baumes aus seinen Fundamenten gehobener Bildstock

Auf Bali, heiliger Baum
Ein durch gemauerte Fundamentringe gefaßter heiliger Baum (F. G. Baumgärtner, Ideenmagazin, 1779–1806)

Der Gedanke, die Straße als Bewegungsraum auszubilden, kommt in der historischen Architektur, aber auch noch in den großen städtebaulichen Eingriffen zu Beginn unseres Jahrhunderts bei der Durchbildung von Brücken zum Tragen, wo der Raum durch die Ausbildung des Tragwerks, Pylonen an den Brückeneingängen oder sonstige vertikale Elemente, wie zum Beispiel die Träger für Beleuchtungskörper, definiert wurde. Hier verstand man es noch, das durch die Bebauung oder eben eine Allee angegebene Thema in der Brücke fortzusetzen, ein Gedanke, der uns zur Gänze verlorengegangen ist.

Der Verlust des Raumes als des eigentlichsten und wesentlichsten Inhalts von Architektur, der sich in unserer Zeit in all ihren Bereichen dokumentiert, ist sicherlich auch einer der Gründe für die Aufgabe des „architektonischen" Baumes, der dann meist nur noch als degenerierte, dekorative und dadurch unnötige Zutat auftritt, was sich heute in der Auswahl der verwendeten Pflanzen dokumentiert.

Die räumliche Wirkung der Alleen ist verschieden, je nachdem, ob sie aus breitkronigen, die Straße auch nach oben abschließenden und nur in Art einer Arkadengasse nach der Seite Öffnungen freilassenden Bäumen oder von den zum Himmel offenen, hochaufschießenden, eleganten und schlanken Pappeln gebildet werden. Diese Offenheit der Pappelalleen wird von vielen als großer Vorteil empfunden, weil die Straßendecke nach einem Regen die Möglichkeit erhält, schneller aufzutrocknen.

Nicht vergessen darf man jene Alleen, die auf kleine Monumentalbauten, Schlösser und Herrschaftsgüter zuführen und sie so schon von weitem als etwas Besonderes auszeichnen, ohne aber sofort ihr ganzes Geheimnis preiszugeben, da sie auch sonst meist dicht eingepflanzt sind. Hier wird im Sinne barocker Raumgestaltung der Überraschungseffekt gesucht, der den freien Blick auf das Gebäude erst im letzten Augenblick ermöglicht.

Bei Metangitsion (Chalkidike), Ölbaum
Ein am Hang stehender Ölbaum, dessen Erdreich durch einen Steinring vor dem Abrutschen gesichert wird

Dreibuchen (Niederösterreich), Kapelle mit Bäumen
Die umgebende Landschaft weithin beherrschende, von drei Buchen umstandene kleine Kapelle

DER BAUM IN DER SIEDLUNG

Sprechen wir vom Baum oder, weiter ausgeholt, von der Hecke oder der berankten Fassade in der Siedlung, tauchen verschiedene Aspekte auf, die einer näheren Untersuchung bedürfen. Die Palette der Möglichkeiten reicht vom Baum im Hof eines Hauses über die begrünten Fassaden, baumbestandenen Plätze bis hin zu den von Baumstellungen gesäumten Häuserzeilen, die alle mitsammen das Erscheinungsbild einer Siedlung und ihren Wohnwert entscheidend zu beeinflussen imstande sind. Es sind einige wenige, aber grundsätzliche Gedanken, die immer wieder auftreten und in allen Fällen gleiche oder ähnliche Wirkung zu erzielen imstande sind. Der Baum in der Siedlung besitzt die Fähigkeit, den Maßstab eines Gebäudes, eines Hofes, einer Straße oder eines Platzes entscheidend mitzubestimmen beziehungsweise zu verändern und erlangt neben dem Bauwerk als raum- und platzbildendes Element seine eigentliche architektonische Bedeutung.

Wenn wir beim Baum, der im Hof eines Hauses steht, beginnen, so merken wir, wie seine mächtige Krone das ganze durch gebaute Raumgrenzen definierte Volumen auszufüllen vermag und den Hof wie ein natürliches Dach unter seinen Schutz nimmt. So wie alle Räume, die wir Menschen planen, erst durch die Einrichtung, die wir ihnen geben, ihren endgültigen und bestimmenden Charakter erhalten, trifft das auch beim Hof zu, der mit einem Baum „möbliert" ist.

Heiligenkreuz bei Baden (Niederösterreich), Stiftshof
Von Platanen umstandene Dreifaltigkeitssäule (1737–1739) des G. Giuliani im 1662 vollendeten Hof des Gasttraktes

Breitkronige Bäume (Linden, Kastanien, Platanen) tauchen meistens in den auch von ihrer Grundriß- und Nutzungsstruktur her eher monumentalen Höfen auf, wo sie ein respektables Pendant zur Bedeutung ihrer architektonischen Erscheinung und Gliederung bilden. Ganz anders behandelt sind dagegen meist die Höfe kleinerer Schlösser und Paläste, aber auch Bürger- und Bauernhäuser, deren Mitte dann meist ein kleinkroniger, bescheidener Baum einnimmt, der bloß als Schattenspender dient, aber niemals die Wirkung echter Solitärbäume erzielt. Noch zurückhaltender und stärker in den Hintergrund getreten ist der Baum schließlich, rückt er von der geometrischen Mitte eines solchen Hofes aus den Achsen oder überhaupt an die Wand, wie es oft bei den kleinen Höfen des Burgenlandes oder ähnlichen proportionierten Freiräumen von Häusern im mediterranen Bereich der Fall ist. Hier ist dann der Baum nicht mehr in der Lage, die Proportion eines Hofes zu verändern, sondern nur noch die Wohnqualität zu verbessern. Häufig ist bei diesen Beispielen die Bepflanzung nicht einmal mehr fester Bestandteil des Hofes, sondern erfolgt mobil durch in Töpfe gepflanzte Oleander oder ähnliche kälteempfindliche Gewächse, die in der kalten Jahreszeit in frostsichere Innenräume gebracht werden.

Bei Klosteranlagen wird der Gegensatz zwischen bloß begrasten und vielleicht mit Blumen bepflanzten und baumbestandenen, besandeten Höfen ganz bewußt ausgespielt; dem ersten Typus gehört fast immer der Kreuzgang an, während alle übrigen öffentlich genützten oder

Wien-Währing, Lindenhof
Kindergarten im Hof des von K. Ehn 1924 als Wohnhausanlage für die Gemeinde Wien errichteten Lindenhofes

Nagyvászsony (Ungarn), Bauernhaus
Giebelhaus mit dreiachsiger Fassadengliederung und drei vor der Fassade stehenden Bäumen

London, Kristallpalast
Blick in das Innere des 1851 durch J. Paxton als Pavillon für die Weltausstellung errichteten Ausstellungsgebäudes

Im Hausruck (Oberösterreich), Gehöft
Auf das mächtige Wohnhaus eines großen Hausruckhofes zuführende Pappelallee

von Wohntrakten eingeschlossenen dem zweiten zuzurechnen sind. Es wird hier ganz bewußt die meditative Nüchternheit des in seiner architektonischen Dimension durch Bäume unberührten Kreuzganghofes gegen die übrigen monumentalen Wohnhöfe ausgespielt. Auch der klimatische Unterschied der ausschließlich im Norden und damit im dauernden Schatten liegenden Kreuzgänge zu den übrigen, besonnten Höfen kommt hier deutlich zum Tragen.

Die dritte Variante, die sich für die Begrünung eines Hofes anbietet, ist schließlich die bewachsene Fassade, die den Raum in seiner Struktur gänzlich ungeschoren läßt und ihn höchstens dann verändert, wenn der Farbwert des Laubes je nach dem Grad des Absterbens die Hofwände optisch nach innen rückt oder auch ausweitet. Dieser Aspekt der Veränderung ist von elementarer Bedeutung, weil er es ermöglicht, den ständigen Wechsel der Jahreszeiten zu erleben und so die Architektur stärker in diesen natürlichen Lebensprozeß zu integrieren. Es ist die Stärke des laubtragenden Gewächses, seine Qualitäten im Laufe des Jahres zu verändern und sich auf diese Weise – ich werde später noch darauf eingehen – den verschiedensten Erfordernissen anzupassen.

Eisgrub (Mähren), Glashaus
Inneres des Glashauses im Park des ehem. Liechtensteinschen Schlosses mit Baumstämme imitierenden Säulen

Perchtoldsdorf (Niederösterreich), Kulturhaus
Südwestfassade des Kulturhauses der Gemeinde von St. Bukovac (1977) im Schutz eines mächtigen Baumes

Gewinnt der Hof eine gewisse Größe, ist nicht nur der Einzelbaum denkbar, sondern auch das gezielte Einstellen ganzer Reihen von Bäumen, die den Hofraum gliedern und seine räumlichen Verhältnisse entscheidend beeinflussen. Als Beispiele sollen der Hof des Wiener Schottenklosters von Joseph Kornhäusel beziehungsweise der Hof des alten Wiener Allgemeinen Krankenhauses herhalten, deren Gesicht durch die ausgepflanzten Baumalleen in jeweils anderer Art deutlich geprägt wird. Beim Hof des Schottenstiftes wird die hufeisenförmige Raumkontur der Hofwände im Grundriß der parallel zu ihnen stehenden Allee mitvollzogen, wodurch diese elitäre Form der Grundrißbildung noch stärker unterstrichen wird. Der Passant wird beim Betreten des Hofes automatisch gegen die Hofwände geleitet, wodurch er die Architektur noch mächtiger, vor allem aber niemals axial erleben kann.

Beim Hof des Allgemeinen Krankenhauses, dessen Geviert sowohl entlang der Platzwände (parallel zu ihnen) als auch in Hofmitte einander kreuzende Alleen durchschneiden, wird diese Massierung von Bäumen bewußt dazu verwendet, die Raumlosigkeit dieses zweigeschossigen, riesengroßen Areals zu korrigieren, indem er in

Kiblitz (Niederösterreich), Pappelallee
Auf den ehem., im 18. Jahrhundert errichteten Zehenthof zuführende Pappelallee

kleinräumige, erlebbare „Gassenräume" entlang der Hofmauern und in seiner Mittelachse zerlegt wird. Das führt meinem Empfinden nach dazu, daß die im Verhältnis zur Längenausdehnung niedrige Bebauung relativ höher erscheint, während die enormen Längen des Hofes sowohl beim ersten Anblick als auch durch den Maßstab der Bäume beim Durchschreiten deutlich verkleinert werden.

Die räumlich nicht mehr erlebbaren Dimensionen solcher Höfe werden durch von Bäumen bestimmte und gebildete Raumsysteme ersetzt und auf menschliche, erlebbare Abmessungen reduziert.

Dieses Phänomen optischer Korrekturen durch Einstellen von additiv beigefügten Körpern – gleichgültig, ob es sich um Architekturen oder aus Pflanzen geformte Volumina handelt – wird in der Stadtbaukunst relativ häufig angewendet. Bekannt sind die sogenannten Grätzel, die, einem Typ der mittelalterlichen Städte zugehörend, allzu große Plätze in mehrere Teilbereiche aufsplittern; der gleiche Effekt wird oft auch durch das Einstellen dichter Baumgruppen bewirkt.

Ähnliche Grundgedanken liegen der Gestaltung des Prato della Valle in Padua zugrunde, wo der ursprünglich im Hochbarock geplante Ring von Lauben in der Realisierung durch eine um einen ovalen Kanal postierte Stellung von Statuen ersetzt worden ist, die durch dicht zwischen sie gepflanzte Bäume in ihrer Wirkung entscheidend verstärkt wird und durch ihre massive Körperhaftigkeit das Aussehen des Platzes prägt.

Mehr noch als durch das Laubenrondell oder den Ring der Statuen wird durch die Bäume der Mittelteil vom übrigen Platz ausgegliedert und führt sein selbständiges Eigenleben, was eine deutliche Trennung in eine äußere Verkehrs- und eine mittlere Ruhezone ermöglicht. Die Unregelmäßigkeit der Grundrißgeometrie des Platzes wird durch die geordnete, starke und dominante Mittelfigur verschleiert und für das Erleben des Platzes zur Bedeutungslosigkeit reduziert.

Großartige Beispiele sind der Circus John Nashs in Bath und vor allem das Projekt Rob Kriers für die Rekonstruktion des Prager Platzes

Athen, Denkmal des Lysikrates
Blick auf das 334 v. Chr. als Basis für einen Dreifuß errichtete Denkmal (H. Koch, Gartenkunst im Städtebau, 1921)

in Berlin, wo die einmündenden, von Alleen begleiteten Straßen von einem (hier zusätzlich die relativ knapp stehende Architektur erwidernden) aus einer Doppelreihe dicht stehender Pappeln gebildeten inneren Oval aufgefangen werden.

Bei der geplanten Korrektur von Größenverhältnissen und Maßstäben muß man aber auch unbedingt die großen Boulevards des neunzehnten Jahrhunderts erwähnen, die auf historischen, noch baumlosen Photos in ihrer überdimen-

Athen, Denkmal des Lysikrates
Unterstützung der Wirkung des Denkmals und Steigerung seiner Monumentalität durch zwei Zypressen (H. Koch)

sionierten Breite keine geschlossenen Räume bilden. Erst der Wuchs dicht bepflanzter Alleen ist imstande, optisch so zu schließen, daß man erstmals das Gefühl bekommt, sich in Straßen zu bewegen und nicht an einer unbewältigten Nahtstelle der Stadtentwicklung gestrandet zu sein. Diese dichten Alleen machen aus dem Zwischenraum, um den es sich sonst handeln würde, das Kontinuum einer pulsierenden Straße. Dazu kommt beim Beispiel der Wiener Ringstraße, einer in diesem Ausmaß seltenen Aufhäufung und Aneinanderreihung verschiedenster Prunkbauten, die Fähigkeit der Allee, selbst divergierendste Architekturen problemlos aneinanderzuknüpfen.

Dieses Vermögens der geschlossenen Baumreihe, einen Bewegungsraum zu formieren, müßten wir uns heute bedienen, wenn unterschiedliche, zusätzlich meist auch noch qualitätlose Architekturen entlang einer Straße zwar eine räumlich noch einigermaßen intakte Situation ergeben, aber durch die erdrückende Vielfalt trotzdem kein ästhetisch befriedigendes Straßenbild entstehen kann. Insbesondere im ländlichen Raum, wo sich durch den herrschenden Stilpluralismus und die Negierung jeder Bauregel ein architektonischer Irrgarten seltenen Ausmaßes gebildet hat, kann nur der Baum all diese Sünden gnädig zudecken und gleichsam als kleinster gemeinsamer Nenner einer solchen Siedlung das, was man unter Ortsbild verstehen könnte, formieren helfen. Auch die überall auftretenden Lawinen parkender Autos kann der Baum so verstecken, daß sie in vielen Fällen nicht mehr störend in Erscheinung treten. Leider läßt aber die panische Angst der Menschen vor dem Laub sie nicht nur keine neuen Alleen auspflanzen, sondern sogar noch alle vorhandenen Laubbäume verschwinden und durch erbärmliche Koniferen ersetzen.

Auch Otto Wagner beschäftigt sich in seiner „Baukunst unserer Zeit“ ausführlich mit der Problematik des Baumes im Ortsbild, des Maßstabes und der Gliederung öffentlicher Räume mit seiner Hilfe. Da für ihn Platzgröße und Bebauungshöhe in einer konstanten Relation stehen sollen, die Bebauungshöhe in der Stadt aber meist bei ungefähr fünfundzwanzig Metern reglementiert ist, erfordert die Bodenfläche solcher Plätze zur Korrektur gewisser Augruhepunkte und ganz energischer Teilungen; unter die Mittel, diese Teilungen zu erzielen, reiht er auch die Allee. Er tritt „gewissen verschrobenen Ansichten entgegen, welchen ein großer Teil der Menge huldigt, und die dahin zielen, jeden freien Platz, selbst das kleinste Plätzchen, mit einer Gartenanlage zu schmücken“. Diese kümmerlich vegetierenden

Wien, XXII. Gemeindebezirk
Vogelschau des Luftzentrums des XXII. Wiener Gemeindebezirkes aus der Studie „Die Großstadt“ von O. Wagner (Wien 1911)

Gartenarchitekturen seien jedermann im Wege und machten eines der schönsten architektonischen Motive, nämlich den Effekt der Fläche mit ihren Leitlinien, zur Unmöglichkeit. Gartenanlagen in Städten hätten den ästhetischen und praktischen Bedürfnissen (zwei Begriffe, welche sich nach modernen Ansichten immer decken) völlig Rechnung zu tragen und nicht allein auf den eilenden Fußgänger durch einen geraden, eventuell schattigen Weg Rücksicht zu nehmen, sondern auch die mächtige Fläche zu wahren.

Als unübertroffene Vorbilder empfiehlt Otto Wagner die musterhaften Beispiele für Gartenanlagen, die uns die Meister der Renaissance und hauptsächlich des Barock in der Nähe von Bauwerken hinterließen. „Sie haben uns deutlich den richtigen Weg gezeigt, auf dem wir wandeln sollen, damit Bauwerk und Gartenanlagen sich gegenseitig in ihrer Wirkung unterstützen und ergänzen. Der Baukünstler hat genau zu wissen, welche Baumsorten sich von Fall zu Fall zu Straßenalleen eignen und welcher Ersatz durch Hecken, Lauben etc. geboten werden könnte.“

Wie diese Theorie in die Praxis, zumindest aber auf das Papier umgesetzt erscheinen könnte, zeigt Otto Wagner in seiner Vogelschau des Luftzentrums des XXII. Wiener Gemeindebezirkes aus seiner Studie „Die Großstadt“. Eine weite, von Pappeln in dichter Reihe umstandene Wasserfläche ist der Mittelpunkt, aus Hecken gebildete, niedrigere Nischen bilden intimere, zum Ausruhen einladende Räume und leiten zu der von kleinen Bäumen (die bloß die Gehwege, nicht aber die Wohngeschosse der angrenzenden Bebauung beschatten) bestandenen Straße über.

Wagner schafft mit seiner unbegrenzten Großstadt eine neue Landschaft, die das früher von Siedlungen durchsetzte offene Land als „künstliche Natur“ wiedererstehen läßt; an allen Hori-

Rom, Blick auf das Forum Romanum vom Kapitol aus
Im Zentrum der Zeichnung des L. Cruyl (1640–1720) vierreihige Ulmenallee (H. Egger, Römische Veduten, 1932)

zonten dieses ins Unendliche wachsenden Organismus liegen Stadtbezirke. In dieses Kapitel gehören auch die Vorgärten der Häuser, in denen früher immer auch ein Baum – der Hausbaum – Platz gefunden hat, der im Laufe der Zeit ebenfalls zum Aussterben verurteilt worden ist. Auch die beschnittenen Hecken, mit denen früher sogar Lattenzäune (die es aber gar nicht so notwendig hatten wie die heutigen Drahtgitter) hinterpflanzt wurden, sind zur Gänze aus unserem Repertoire verschwunden. Sie waren imstande, einen gewissen Respektabstand zwischen Haus und Straße herzustellen und leisteten so einen wesentlichen Beitrag zur Wohnqualität der meist ebenerdigen Bauernhäuser. Nur kurz erwähnt sei hier das einem ähnlichen Gedanken folgende dichte Einpflanzen von Siedlungen, das ursprünglich ebenfalls dem Schutzbedürfnis der Bewohner entsprungen ist (Dornenhecken) und erst in späterer Zeit, als es keine Gefahren durch wilde Tiere oder Räuberbanden mehr gab, durch Obstgärten geschah, die den von uns immer wieder bewunderten weichen und organischen Übergang der Siedlung in die Landschaft meistern.

In Norddeutschland wurden freistehende Häuser in ihrer Gesamtheit oder zumindest an den Windseiten bis in Traufhöhe mit solchen Hecken eingepflanzt, die als perfekter Windschutz diese Häuser erst wirklich bewohnbar machen.

Merkwürdig ist das Verhältnis der Revolutionsarchitektur der zweiten Hälfte des 18. Jahrhunderts und des Klassizismus im 19. Jahrhundert zum Baum, wo er neben seiner üblichen Verwendung oft direkt auf dem Bauwerk, losgelöst vom Boden, auftaucht. Gleichgültig, ob es sich um Rekonstruktionen antiker Gebäude (Grabmal der Cecilia Metella und des Augustus bei J. C. N. Durand), um die Idealprojekte der großen Revolutionsarchitekten (Boullée, Ledoux und Lequeu) oder um zur Realisierung bestimmte

Projekte der Klassizisten handelt (Schinkel, Entwurf eines Denkmals für Friedrich den Großen auf dem Platze der alten Hofapotheke), die Bäume befinden sich auf den Terrassen der Unterbauten dieser Projekte oder deren Dächern. Charakteristisch ist, daß sich all diese Bauten in die Kategorie der Grab- oder Denkmäler einordnen lassen, dem Baum also die Rolle des Totenwächters und Mittlers zwischen Himmel und Erde zukommt, was den ursprünglichen Vorstellungen, die sich mit ihm verbinden, entspricht.

Umso verwunderlicher ist es dann, wenn in einem der jüngsten Projekte O. M. Ungers', einem Kaufhaus in Berlin, die Bäume in eben derselben Form, hier aber zur Belebung der Fassade in Anlehnung an bepflanzte Uferböschungen, ehemalige Befestigungsanlagen und topographisch gebundene Parks des 19. Jahrhunderts, wie der Architekt selbst es zu erklären versucht, auftauchen. In den Projekten der Revolutionsklassizisten bringt der Baum eine enorme Maßstabssteigerung der durch ihre archetypischen Formen ohnehin schon monumental wirkenden Anlagen und läßt sie zusätzlich um vieles größer erscheinen. Weil bei der Darstellung Menschen meistens fehlen, ist man erst durch die Darstellung der Bäume fähig, sich ein Bild von der Größe dieser Denkmäler zu machen.

Schließlich sei noch auf die berankte Fassade hingewiesen, aber natürlich auch auf die Lebensbäume, die für die Fassaden weiter Landstriche bestimmend geworden sind. Sehr häufig mischen sich hier überkommene ethische Vorstellungen mit praktischen Überlegungen, die zu ihrer Erhaltung und Tradierung beitrugen.

Unsere Vorfahren, die noch viel mehr als wir mit den wenigen zur Verfügung stehenden Mitteln haushalten mußten, unternahmen wenig, was im Endeffekt nur schön, aber sonst nicht auch noch wirksam und brauchbar gewesen wäre. Die Größe historischer Architekturen hat sicherlich auch einen Grund darin, daß – zumindest im Ursprung – hinter allen scheinbar formalen Entscheidungen auch andere, praktische Notwendigkeiten des Lebens und Wirtschaftens steckten. In der Geschichte der Baukunst geht die Entwicklung realer Bedürfnisse immer konform mit auch ästhetisch größtmöglicher Vervollkommnung.

Bath, Circus
Blick auf den kreisrunden, unter dem Architekten J. Wood 1754 begonnenen Circus mit mittlerer Baumgruppe

So ist auch der Baum in der Lage, dem Menschen viel zu geben, was zumindest im ländlichen Bereich erst zu seiner häufigen Verwendung geführt hat; er bietet dem, der ihn zu nutzen weiß, für geringes Entgelt eine Fülle von Diensten. So ist der Spalierbaum nicht bloße Zierde des Hauses; er wurde an den Wänden deshalb angebracht, weil dies in den Zonen mit relativ rauhem Klima, in denen er auftritt, die einzige Möglichkeit bot, Obstbau zu betreiben. Erst die von der aufgeheizten Hauswand rückstrahlende Wärme schuf die geeigneten Umweltbedingungen dafür. Mögen all die mythologischen und noch weitgehend unerforschten Wurzeln des Lebensbaummotivs noch so wichtig sein, dieser Baum an der gegen Süden zeigenden Hauptfassade des Hauses wurde durch die Nahrung, die er den Menschen bot, zum tatsächlich Leben spendenden Baum!

Josef Hoffmann verwendet die bewachsene Fassade gezielt zur Korrektur architektonisch vorgegebener Proportionen. Beim Haus Bernatzik setzt er die beiden Untergeschosse durch ihren Bewuchs vom Obergeschoß ab, das gegen das glatt verputzte Erdgeschoß und den ersten Stock leicht zurücksteht und eine kannelierte Oberfläche besitzt. Das dritte Geschoß erscheint dadurch auf die beiden ersten wie aufgesetzt oder

Wien-Leopoldstadt, Karmeliterplatz
Der Kirchenplatz wird durch eine Reihe abwechselnd stehender Statuen und Bäume definiert. Stich nach S. Kleiner, 1724

von unten herausgeschoben und tritt dadurch stark in den Hintergrund; die Gesamthöhe des Hauses wirkt wesentlich niedriger, als dies bei einer ungegliederten Fassade der Fall wäre.

Bei einem anderen Beispiel, seinem Haus Knips, benutzt Hoffmann die bewachsene Fassade dazu, den niedrigen Nebentrakt des Hauses noch stärker und deutlicher vom geometrisch klar definierten Hauptbaukörper zu isolieren. Auch bei den Häusern von Adolf Loos ist der Bewuchs der Fassade gekonnt eingesetztes Architekturmittel, das imstande ist, seine manchmal sehr heterogenen Fassaden zu einer Einheit zusammenzuschließen, während sie im heutigen, von Pflanzen befreiten Zustand auseinanderfallen und viele unangenehme, eigentlich gar nicht bewältigte Details ins Auge springen.

Aber auch die überwachsenen Fassaden besitzen nicht nur ästhetische Reize, sondern können als zusätzliche „Haut“ des Hauses vermehrten Schutz, vor allem gegen Schlagregen und die im Sommer unangenehm intensiv einstrahlende Sonne, bieten; sie kommen in dieser Funktion den modernen, hinterlüfteten Vorhangfassaden gleich. Die Zerstörung des Verputzes und der Befall mit Ungeziefer, die diesem Bewuchs immer wieder angedichtet worden sind, sind eine Legende, die mit Tatsachen nichts zu tun hat, wenn es sich um Pflanzen handelt, die im Winter ihr Laub verlieren. Diese Funktion als Klimaregulator erfüllt aber nicht nur die grüne Fassade, sondern in noch stärkerem Maße der Baum, der als Schattenspender, Windschutz und schließlich als Produzent von Sauerstoff und Feuchtigkeit Großartiges zu leisten imstande ist. Dem stündlichen Bedarf eines Menschen von etwa achtzehn Liter Sauerstoff steht die Produktion von mehr als zehn Litern durch einen Kubikmeter Laub- oder Nadelwald gegenüber. Weiters besitzen die Verdunstung und Luftbefeuchtung sowie die damit verbundene Kühlung Bedeutung; ein großer Baum verdunstet im Tag etwa siebzig Liter Wasser, was einer Kühlleistung von vierzigtausend Kilokalorien entspricht.

Vollends unersetzbar aber ist er als Schattenspender, der in vielen Bereichen, vor allem im Süden, Leben erst möglich macht. Es ist gleichgültig, ob es sich um die den Eingang eines Hauses beschattende Laube, das Café am Dorfplatz mit mobilen Tischen und Stühlen, die den Lauf der Sonne beziehungsweise des von ihr gebildeten Schattens im Tagesrhythmus mitmachen, oder um das Haus, dessen Dach und Wände vor allzu starker Sonneneinstrahlung geschützt werden, handelt.

Mediterrane Plätze sind oft mit dichten Reihen mächtiger Bäume, meist Platanen, bestanden, die in der Hitze des südlichen Klimas zum eigentlichen Lebensraum dieser Orte werden, wo man sich trifft, um Neuigkeiten auszutauschen, gegeneinander im unvermeidlichen Bocciaspiel anzutreten oder bloß zu flanieren. Diese Promenaden sind in allen größeren Städten ein fester Bestandteil öffentlichen Lebens, Raum für ungestörtes Plaudern und unbekümmertes Dahinschlendern. Der Baum am Dorfplatz oder die zwei ihn flankierenden Baumreihen mit dem Brunnen, Pranger oder einem anderen Monument ist oft viel mehr, als ein Bauwerk es sein könnte, Mittelpunkt des Dorfes, ebenso wie der ländliche Gastgarten mit seinen Linden und Kastanien, ohne die früher kein Gasthof auskam.

Und schließlich wird der Hof eines Hauses erst durch den Baumschatten ein bewohnbarer Raum, dessen schützendes Dach die Bewohner zusätzlich mit Früchten, Luftfeuchtigkeit und Sauerstoff versorgt und außerdem Windschutz gibt.

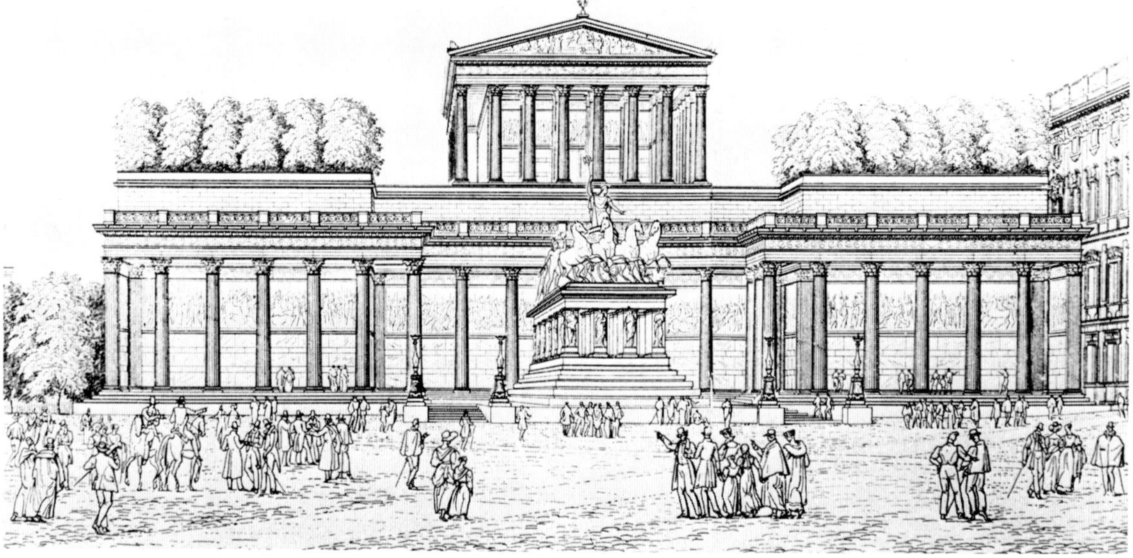

Berlin, Entwurf für ein Denkmal Friedrichs des Großen
Auf den Terrassen der Seitenflügel „Xystus von Bäumen mäßiger Größe“ (K. F. Schinkel, Sammlung arch. Entwürfe)

Rom, Grabmal des Augustus, Rekonstruktion
Terrassierter, in vier Etagen baumbepflanzter Oberbau (J. N. L. Durand, Recueil et parallèle de tout genre, 1800)

Tumulus aus einer Zeichnung des Jean-Jacques Lequeu
Vorform zypressengesäumter röm. Mausoleen, die die Kenotaphe der Revolutionsarchitektur anregten

Kenotaph, Entwurfszeichnung des Etienne-Louis Boullée
Wie bei vielen anderen seiner Entwürfe tauchen auch hier Zypressenalleen auf, die dem Bauwerk den Maßstab geben

DER PARK

Selten manifestiert sich der Wandel einer Architekturauffassung deutlicher als in der Aufgabe des (französischen) Architekturparks zugunsten des (englischen) Landschaftsparks. Am Ende des achtzehnten Jahrhunderts wird der Park zum Indikator einer Bewegung, die im Städtebau ihren Endpunkt in der totalen Negation und Auflösung des städtischen Raumes gefunden hat, Tendenzen, die den pragmatischen Städtebau bis in unsere Zeit prägen.

Ausgangspunkt für den französischen Park ist der italienische, der, noch kleinräumig, jeden Zug ins Große und Monumentale vermissen läßt. Ein typischer Vertreter dieser Richtung ist der am Hof Rudolfs II. in Prag lebende Vredeman de Vries, der in seinem 1568 erschienenen „Hortorum viridariorumque formae" eine Sammlung solcher in Kupfer gestochener Anlagen veröffentlichte. Seine Gärten, in deren Mittelpunkt häufig ein Baum steht, in selteneren Fällen ein Pavillon, setzen sich aus einzelnen, in sich regelmäßig gegliederten und geordneten Teilen zusammen. Sie werden von Pergolen mit Türen, Fenstern und Kuppeln begrenzt, die Lauben tragen hermengeschmückte Säulen, frei stehende Statuen finden sich jedoch nicht. Ganz im Gegensatz zu den späteren französischen Gärten, deren Architekturen fast ausschließlich durch künstlich geformte Bäume gebildet werden, sind sie im italienischen Garten meist noch aus festen Materialien oder zumindest unter ihrer Zuhilfenahme konstruiert.

Während bei den italienischen Anlagen die Grenzen zwischen Architektur und Garten vollkommen offen liegen und eine Integration nur in den seltensten Fällen erfolgt, strebt der französische Park in seiner vollendeten Form eine totale Verschmelzung zwischen der gebauten Architektur des Schlosses und der Baumarchitektur des Parks an.

Marie Luise Gothein legt in ihrer 1914 erschienenen grundlegenden Geschichte der Gartenkunst drei bereits zur Barockzeit existierende Postulate für den französischen Park fest: Das Haus muß etwas erhöht liegend den Garten in seiner Anlage überblicken können (etwas, was im Park von Schönbrunn zwar im ersten großzügigen Idealprojekt Fischers von Erlach noch existiert, in der Folge aber der Sparsamkeit zum Opfer fällt und für lange Zeit immer wieder das Problem der Gloriette als oberer Abschluß aufwirft), der Garten sollte nicht zu sehr beschattet sein und immer größer erscheinen, als dies in Wirklichkeit der Fall ist.

Der Garten der Barockzeit ist von seiner Auffassung her kein besonders kultiviertes Stück Landschaft, sondern mit dem Mittel des Baumes definierte und geformte Architektur im Sinne von räumlicher Organisation und plastischer Durchdringung. Die stark körperhaften, nicht in sich ruhenden, sondern mit ihren Gesten weit ausholenden Baukörper des Barocks erhalten in der Anlage des Parks mit seinen Räumen und Achsen die logische Fortsetzung nach außen. Die Grundgedanken barocker Raumgestaltung, die möglichst spannungsvolle Aneinanderreihung beziehungsweise Abfolge differenzierter Räume und die Ausbildung großzügiger Raumachsen, erhalten im Park ihre vollendete Ausbildung. Im Mittelpunkt dieser Raumgestaltungen mit offenen, aber auch gedeckten Freiräumen steht immer das Schloß des Herrschers, auf das ausgerichtet der ganze Park vor allem dem einen Zweck dient, dieser Architektur den richtigen Rahmen zu geben. Die aus kubisch beschnittenen Bäumen gebildeten Alleen führen auf das Hauptgebäude hin und verdecken auf dem Blickweg alles, was störend und ablenkend wirken könnte. Durch die Ausnutzung des Kontrastes erscheint das Schloß immer als strahlender, im Licht stehender Abschluß gegen das Dunkel der auch nach oben hin sich häufig schließenden Alleen: Der barocke Gedanke des Blickpunktes im Gegensatz zum mittelalterlichen Gestaltungsprinzip des Überraschungseffektes wird hier in seltener Reinheit ausgeformt.

Der nicht wie die Stadtarchitektur an viele

Vorgaben beziehungsweise Funktionsinhalte, niemals aber an bereits vorhandene Strukturen gebundene Park gab ein ideales Exerzierfeld ab, das es erlaubte, noch viel stärker als bei gebauter Architektur den Gegensatz verschieden strukturierter und proportionierter Räume gegeneinander durchzuspielen, offene gegen geschlossene, enge gegen weite Räume, Gassen gegen Plätze zu setzen, ohne dabei mit den Fesseln bestehender Raumkonstellationen in Konflikt zu kommen. Und das Aussehen ist nicht wie bei gebauter Architektur ein für allemal unabänderlich festgelegt, sondern ändert sein Bild im Laufe des Wachstums und der Jahreszeiten ständig. Dadurch stehen prinzipiell festgelegte räumliche Qualitäten in ständigem, belebendem Wandel.

In diesem Zusammenhang sollte man aber doch darauf hinweisen, daß diese Parkanlagen nicht bloß ästhetische Architektengespinste sind, die jeder realen Basis entbehrten, sondern durchaus auch ihren praktischen, pragmatischen Aspekt hatten und auch heute noch immer besitzen. Betrachten wir historische Abbildungen dieser Anlagen, werden wir immer mit dem Anblick darin wandelnder, spielender und feiernder Gesellschaften konfrontiert, die nicht als bloße Staffage eingesetzt wurden, sondern eben wesentlicher Inhalt dieser Parks waren. Der Gedanke, solche Parks wegen ihrer Größe nicht mehr pflegen, benutzen und besiedeln zu können, war einer der Ansatzpunkte der Kritik Mitte des achtzehnten Jahrhunderts und Anlaß, sie aufzugeben beziehungsweise sie in der Form des Landschaftsparks einem weniger anspruchsvollen Naturzustand anzugleichen. In den Bosketts der Architekturparks, die den Hintergrund der weiten Parterres mit ihren Broderien aus buchsgezogenen Arabeskenmustern oder geometrischen Blumenbändern bildeten, gab es den notwendigen ständigen Schatten für die Lustwandelnden, war der Schauplatz für Feste und Unterhaltungen der Bewohner und Besucher, sie boten aber auch Schutz vor den Launen der Witterung und schließlich auch den diskreten Schleier für mancherlei Geheimnisse. Nicht umsonst mußte in der Zeit der sittenstrengen Maria Theresia das wie in so vielen anderen Parks ebenfalls vorhandene Labyrinth in Schönbrunn weichen, um dem allzu lockeren Treiben der jungen Hofgesellschaft Einhalt zu gebieten, wie es der Reisende Küchelbekker in seinen Aufzeichnungen zu berichten weiß.

Von der Vielgestaltigkeit dieser Bosketts hingen die Bedeutung und die Pracht eines solchen Gartens ab, sie gaben aber auch beim kleinen Garten die Möglichkeit, auf einfache und billige Weise Wege in vorhandene Wäldchen einzuschneiden, um ihnen Rhythmus und Schönheit zu verleihen.

Der französische Park ist auf diese Weise perfektes Abbild des gleichzeitigen Städtebaues, der sich als strenges Layout wohlgeordneter Abfolgen von Gassen, Straßen und beide verküpfender oder erweiternder Plätze mit ihren ausschließlich geometrisch-regelmäßig figurierten Grundrissen zusammensetzt. Die architektonische Strenge des klassischen französischen Parks entspricht präzis den herrschenden Idealen und Vorgaben der gleichzeitig in einer großartigen Blüte stehenden französischen Stadtbaukunst. Auch hier ist die Achse genauso deutlich ausgeprägtes Gestaltungsprinzip, und in ihrer Folge wird absolute Symmetrie angestrebt.

In der abgebrannten Stadt Rennes wird der gekrümmte und verzweigte Flußlauf durch ein künstlich begradigtes Flußbett ersetzt und in der Folge zur Achse der Stadt, senkrecht zu diesem neugeschaffenen „Canal“, die neue Hauptverkehrsstraße angelegt. Die Anlage von Arkadenstraßen entlang der wichtigsten Wege wird obligatorisch; auch sie hat ihren Vorläufer im Park, wo Heckenwege mit seitlichen Öffnungen die wichtigsten Wegachsen begleiten. Man könnte beim Architekturpark also von einem genau differenzierten Verkehrssystem vom Typ der Laubenstraßen sprechen.

So ist es auch nicht verwunderlich, daß die Schilderung des französischen Parks in Jägers Lehrbuch der Gartenkunst (1877) der Beschreibung einer städtischen Situation zum Verwechseln ähnlich ist: „Die Heckenwege und Alleen bilden gleichsam die Straßen einer regelmäßig gebauten Stadt, welche sich an Kreuzungspunk-

Ausschnitt aus einem Gartenentwurf des Vredeman de Vries
Nach italienischen Vorbildern gestalteter, kleinräumiger Garten (V. de Vries, Hortorum viridariorumque formae, 1568)

ten hie und da zu Plätzen erweiterten. Diese Plätze hatten entweder als Mittelpunkt ein kleines Gebäude, eine Statue oder eine künstliche Wasseranlage, oder aber auch nur einen regelmäßigen Teich. Oft von Bogenlauben oder Säulenhallen von Grün umgeben, reich mit Statuen, Vasen und anderem mehr geschmückt, waren die Plätze sehr schön in ihrer Abgeschlossenheit. Die Hecken waren in manchen, besonders aber an solchen Plätzen bogenförmig durchbrochen und bildeten ein Gewölbe, oder sie wichen oben von der geraden Linie ab, und hatten Vorsprünge, Thürmchen, Pyramiden, Kugeln et cetera."

Die perfekte Umsetzung dieses Gedankens der Identität von Stadt und Park erleben wir im Plan von Karlsruhe, wo das Schloß als Mittelpunkt sowohl nach der Seite des Parks als auch zur gegenüberliegenden Stadt hin ein Echo auf die von ihm angeschlagene Melodie ist. Im Schaubild dieser Anlage unterliegen sowohl die Baublöcke der Stadt wie die bepflanzten Flächen des Parks beziehungsweise die jeweils dazwischenliegenden Freiflächen beider Bereiche genau derselben, stark räumlich gegliederten und differenzierten Grundstruktur.

Brinckmann schließlich weist in seinem „Platz und Monument" auf die Beruhigung des französischen Platzes gegenüber dem römischen Barockplatz hin und macht das auch für die Gesamtanlage der Stadt geltend. Er meint, daß der französische Architekt für die Anlage einer Stadt oder eines Stadtteiles „eine gute Vorübung in der Anlage der großen architektonisch behandelten Gärten hatte. Wer einen Park gut zu zeichnen weiß, wird ohne Mühe den Grundriß einer Stadt ihrer Anlage und Ausdehnung gemäß festlegen können. Durchgehende und Richtung gebende Hauptalleen, ohne daß die ganze Gartenanlage

Karlsruhe, Stadtplan von 1739 nach dem Stich von J. M. Steidlin
Im Mittelpunkt der 1715 gegründeten Stadt steht der Turm des Schlosses, von dem strahlenförmig 32 Alleen ausgehen

sich in ihnen darstellt, der Besucher soll vielmehr zum Weiterwandeln und Schauen verlockt werden. Kleine Gartenhäuser, Laubhallen, Springbrunnen, ein Buffet de l'Architecture oder einzelne Plastiken geben den regelmäßigen Wegen eine Perspektive. Die Breite dieser ist ihrer Länge proportioniert. Läuft der Weg gegen eine breite Fassade aus, so erweitert er sich oder endet mit einem Vorplatz, um diese ganz zu zeigen; denn es ist sehr häßlich, von einem ganzen Gebäude am Wegende höchstens das Hauptportal mit Mühe zu sehen. Die Ecken der Wegkreuzungen werden abgeschliffen, dies ist dem Auge gefällig und gleichzeitig bequem. Erweitert gestalten sich diese Wegkreuzungen zu runden oder polygonalen Plätzen aus, deren Laub- oder Holzgitterwände sich in Nischen ausbuchten, die in besonderer Ausschmückung den Raum befestigen."

Welch intensive Beziehung der Park mit städtischer Architektur einzugehen vermag, zeigt auch der deutsche Garten des Rokokos (in Anlehnung an das italienische Vorbild, das hier noch immer durchbricht) im Bestreben, den Garten wohnhaft aus umschlossenen Räumen zu gestalten. Eine Vogelschau Wiens von Daniel Huber kann vielleicht demonstrieren, welchen Eingang die Gedanken beim breiten Publikum gefunden hatten und wie sehr gerade in dieser Zeit, vor allem in den Vorstädten Wiens, in denen auch die Sommerschlösser des Adels zuhauf anzutreffen waren, die Idee des architektonisch gestalteten Gartens Eingang gefunden hatte.

Nicht minder groß war aber auch der Einfluß des englischen Gartens, der in einem Jahrhundert den ganzen Kontinent erobert haben sollte, in einer gigantischen Parkomanie sein Ende fand und so manches Fürstenhaus in den finanziellen Abgrund riß, wie Fürst Pückler-Muskau, einer

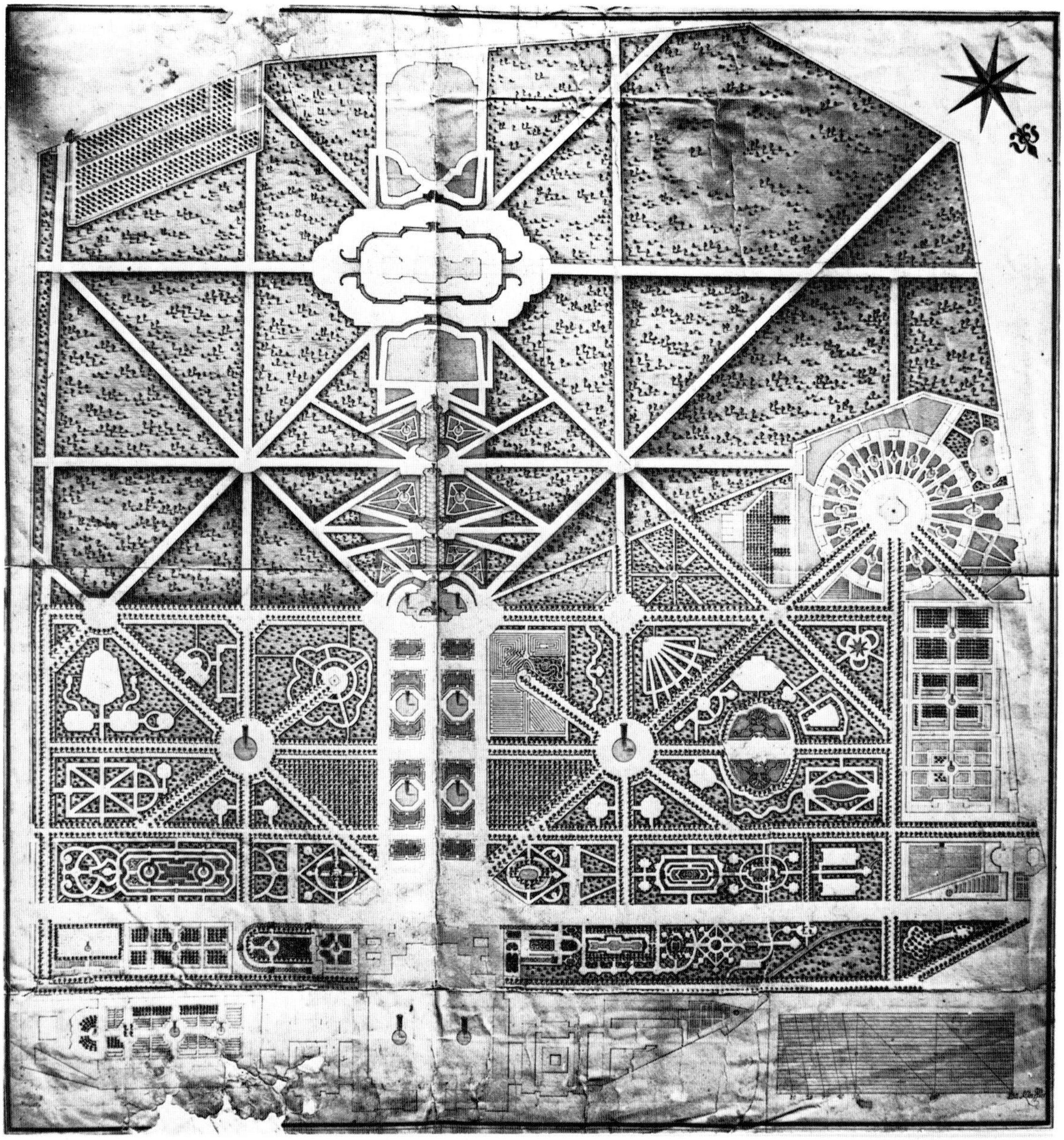

Wien-Schönbrunn, Gesamtplan der Schloß- und Gartenanlage
Die Anlage des Parks wurde um 1700 durch J. Trehet begonnen, durch A. Steckhoven fortgesetzt und unter F. v. Hohenberg mit der Errichtung der Gloriette (1775) vollendet (aquarellierte Zeichnung, 2. H. 18. Jh., Wien-Albertina)

seiner großen Proponenten in Deutschland, am eigenen Leib erfuhr.

Dieser Landschaftspark taucht in seinen ersten Anfängen seit 1720 in England auf und richtet sich gegen die als Unnatur empfundenen Formen des französischen Gartens. Er erlebt ab 1760 einen seltenen Siegeszug; überall werden die Architekturparks aufgegeben oder zumindest umgeformt.

Am Anfang dieser Bewegung standen Philosophen, Dichter, Maler und Ästhetiker. Im Landschaftspark will der Mensch nicht ein Stück Natur schaffen, sondern ein Abbild dessen, was er für die ideale Natur halten könnte, ein Stück von

Wien-Schönbrunn, Blick über das Gartenparterre zur Gloriette (Vorderprojekt), links das Fasanenhaus
Zeichnung von K. v. Schütz nach Entwurf von F. v. Hohenberg, nach 1772 (Wien-Albertina)

Wien-Schönbrunn, Fasanenhaus im Schloßpark
Das 1771 errichtete Bauwerk besteht aus dem kreisförmigen transparenten Mittelteil und seitlichen massiven Konchen

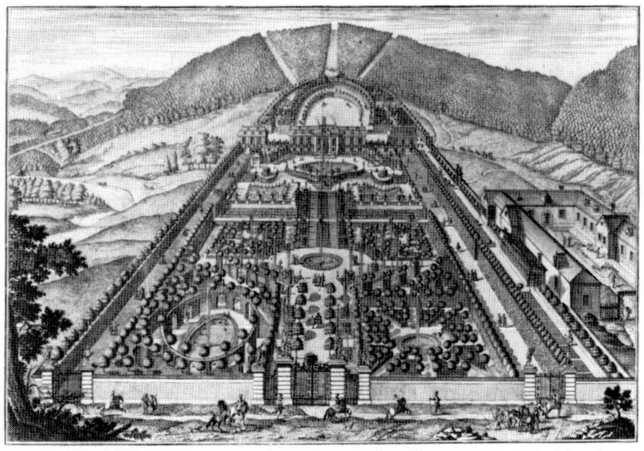

Wien-Weidlingau, Lustgebäude des Freiherrn von Huldenberg
Die 1710 von J. B. Fischer von Erlach entworfene Villa mit ihrem weiträumigen Park wurde 1972 abgerissen

allem Störenden befreiter, nach seinen Vorstellungen geformter Über-Natur. Hier spiegelt sich die Lehre Fichtes von der schöpferischen Freiheit des absoluten Ichs wider, aus der die Romantiker die Berechtigung der völligen Freiheit und Willkür von Vision, Phantasie und Traum ableiteten, die allein imstande seien, die wahre Wirklichkeit ahnen zu lassen. Für die Romantiker wesentlich wird auch die neue Anschauung der Natur und des Verhältnisses von Natur und Geist, wie sie Schelling in seiner Lehre von der Natur als sichtbarem Geist und dem Geist als unsichtbarer Natur entwickelte. Die Natur ist nach Schelling die fortschreitende Enthüllung des Geistes, alles

Wien, Belvedere. Blick auf die Gesamtlanlage mit angrenzendem Garten der Salesianerinnen und dem Schwarzenbergpark 1700–1722 von J. L. v. Hildebrandt für Prinz Eugen errichtet, Garten von D. Girard. Stich nach S. Kleiner, um 1737

im Universum ist beseelt, Natur und Geist sind eine Einheit. Natur steht dem Menschen nicht mehr als etwas Fremdes gegenüber, in Mensch und Natur offenbart sich die gleiche beseelende Einheit.

In diesem Sinn schafft der Mensch einen künstlichen Idealzustand, ein künstliches Paradies, die Gärten werden zu Stätten eines neuen Naturkultes. Sedlmayr bezeichnet den englischen Garten als Gesamtkunstwerk schlechthin, eine Art von Über-Gesamtkunstwerk, das alle Künste – die Architektur, Skulptur, das Ornament und die Malerei – zusammenfaßt. In diesem Zusammenhang ist es interessant, daß die Engländer ihren ersten eigenständigen Beitrag zur Entwicklung der Kunst überhaupt in eben diesem Landschaftspark zu sehen meinen. Sie stellen die Gartenkunst so weit über die Malerei, als die Wirklichkeit über einer Nachahmung steht.

Der englische Park erfaßt Bilder, jedes für sich

Wien, Belvedere
Blick in das viereckige Bosquet des Parks, Stich nach Zeichnung von S. Kleiner, um 1737

Wien, Belvedere
Blick in das runde Bosquet des Parks, Stich nach Zeichnung von S. Kleiner, um 1737

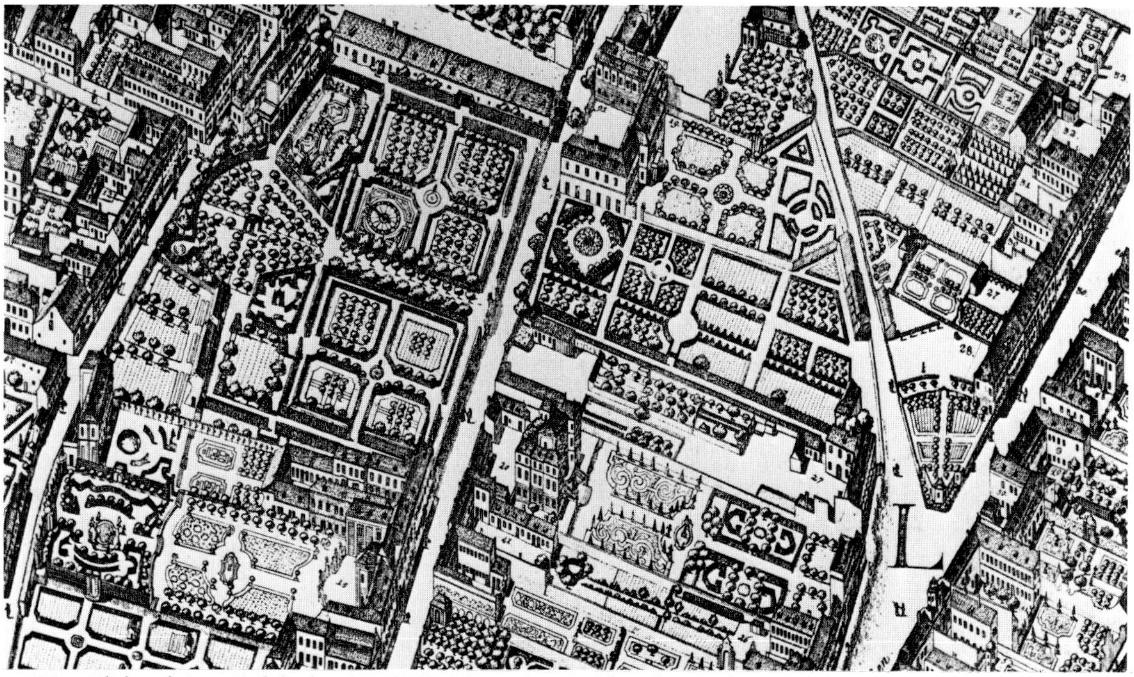

Wien, Blick auf einen Teil des heutigen VIII. Wiener Gemeindebezirkes aus der Vogelschau D. Hubers von Wien, 1766
Der Stich Hubers verdeutlicht, welch begeisterten Eingang und große Verbreitung der franz. Park in Wien erfuhr

möglichst abgeschlossen; das Gebäude wird zur Staffage der Landschaft, um eine bestimmte, komponierte Stimmung zu unterstützen.

„Der Charakter jeder Scene bestimmt, welche Architektur ihr angemessen ist." (C. C. L. Hirschfeld, Gartenkunst; 1779–85). Mit dieser Begründung werden im englischen Landschaftsgarten des 18. Jahrhunderts erstmals Architekturen verschiedener Stilrichtungen gegeneinander gesetzt, die den bis zu diesem Zeitpunkt vorherrschenden Klassizismus ablösen. An ihrer Stelle werden Stilkretinismen bevorzugt: maurisch-gotisch, ägyptisch-gotisch, chinesisch-gotisch; Garten und Natur diktieren jetzt der Architektur ihr Gesetz.

Man fordert gegen die künstliche Langeweile und Ekel verursachende Einförmigkeit von Versailles Mannigfaltigkeit, Abwechslung und Kontrast, die als die natürlichen Prinzipien im Landschaftspark geltend gemacht werden. Hirschfeld

Italienische Flußlandschaft, bezeichnet Ph. Hackert pinx. Napoli 1787
Dieses idyllische Landschaftsbild zeigt jene Stimmung, die man im engl. Park in die Wirklichkeit umzusetzen versuchte

fordert offene Schauplätze der Natur, aus welchen uns die Heiterkeit und Schönheit der Natur hell und unaufgehalten entgegenlachen, wo keine Einförmigkeit, keine Einschränkung wie in dem Kerker der Städte ermüdet. Fürst Pückler-Muskau läßt Landschaftsmaler nach seinen Vorstellungen Veduten malen, die er dann mit allem nur erdenklichen Aufwand, bis zum finanziellen Ruin, in die Wirklichkeit umsetzen läßt.

Um dem Besucher diese Welt zu erschließen, sind kundige Führer notwendig, die in der Lage sind, die verschiedenen dargestellten Motive und die Abfolge von Figuren zu erklären.

Uralte Bäume werden verpflanzt, Architekturen sind nur mehr unauffällige Belebung. Rousseau, dessen Einfluß auf diese Entwicklung sich ebenfalls stark geltend machte, läßt im Naturgarten überhaupt keine Architekturen zu. Dennoch tauchte auch im Garten seines großen Freundes und Gönners Marquis de Girardin in Ermenonville die Architektur auf. Krone und Stolz dieser Anlage ist das Grabmal Rousseaus, dessen Urne auf einer kleinen, pappelumstandenen Insel ihre letzte Ruhe fand. Der englische Park schafft als Rivale der Architektur und diese an Weiträumigkeit übertreffend großartigste Raumgestaltungen, komponiert mit organischen Massen von Bäumen, Büschen, Hügeln, Rasenflächen, Bächen und Teichen. Es gibt nicht wie im Barock irgendein Zentrum, nach dem sich alles ausrichten könnte, keine Orientierung. Man geht herum, ohne sich zu fragen, von wo man ausgegangen ist und wohin man kommt und liefert sich dem Überraschungsmoment aus. Diesem Zustand hat sich die Architektur dienend unterzuordnen und gibt in der Folge jede eigene Gestalt auf, um sich letztlich der Form zu bedienen, die dem organischen Naturzustand am nächsten ist, der Ruine. Um all diese Ideen zu verwirklichen, war es notwendig, große Flächen kultivierten Landes aufzugeben und in einen idealisierten Naturzustand zurückzuführen, was schnell zum Verfall und Verruf des freien englischen Landschaftsparks beitragen mußte, letztlich wohl auch deshalb, weil damit zu große wirtschaftliche Einbußen verbunden waren.

Laxenburg (Niederösterreich), große Kaskade
Die von Sphingen flankierte, nach 1815 vollendete Kaskade

Laxenburg, Ruine im Chinesischen Teich
Die Ruine liegt in einem der im Park verstreuten Teiche

Der Einfluß, den diese Form des Parks auf die Entwicklung von Architektur und Städtebau im neunzehnten und zu Beginn des zwanzigsten Jahrhunderts nahmen, ist niemals untersucht worden. Genauso wie aber zwischen barockem Städtebau und den Parkanlagen dieser Zeit Zusammenhänge bestehen, gibt es unzweifelhaft auch Verknüpfungspunkte der Auflösung von Raum und Form sowohl im Park als auch im Städtebau des neunzehnten Jahrhunderts. Der Fluch des Ausbruchs breiter Massen aus der Stadt und die epidemische Besitznahme kultivierten Landes besitzen sicherlich darin eine ihrer Wurzeln und wurden im neunzehnten Jahrhundert unter anderen Vorzeichen und elitären Formen vorgezeichnet: In der wichtigsten Kunstgattung einer vorangegangenen Kulturepoche liegt einer der Keime für die Irrtümer der nächsten.

Kritik und Umdenken setzten schon sehr bald ein, formuliert in der Zeit des Jugendstils, die sich wieder gerne geordneter geometrischer Formen bediente. Man braucht hier nur an die unzähligen Entwürfe des Franz Lebisch zu denken oder an die Gärten, die Josef Hoffmann im Zuge seiner unzähligen Villenprojekte realisierte. Von besonderer Bedeutung ist hier der Garten des Palais Stoclet in Brüssel, wo der Garten selbstverständlicher Teil des angestrebten Gesamtkunstwerkes ist. Victor Zobel schließt 1907 einer Kritik des englischen Gartens (die Gartenbaukunst kann, wie jede andere Kunst, nicht darin bestehen, die Natur nachzuahmen) sein Lob für den architektonischen Garten an: „Für die vom Menschen geschaffene Form ist Regel das Natürliche. Der Garten aber ist nicht Natur, und wir wollen uns nicht gebärden, als seien seine Formen zufällig und zwanglos entstanden, sondern wir wollen wie bei der Architektur zeigen, daß Menschenhand sie gestaltet hat, daß der Menschenwille, seine Bedürfnisse, sein Schönheitsverlangen und seine Gedanken klar aus ihnen sprechen. Dann werden wir, indem wir uns der Beschränkung des menschlichen Könnens ernsthaft bewußt sind, zu Bildungen gelangen, die von den Naturformen wesentlich verschieden sind und ihre eigene Schönheit neben der Schönheit der Natur haben."

TAFELTEIL

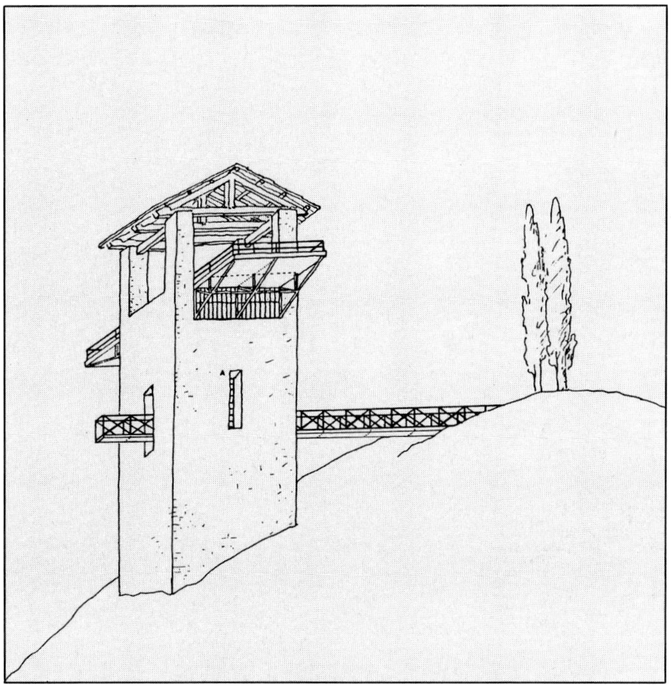

BAUM UND BAUWERK IN DER LANDSCHAFT

1 Bei Neumarkt, Vierkanthof mit Allee

2 Bei Mamau, Obstbaumallee

3 Bei St. Pölten, Straßenkreuzung mit zwei Bäumen und Bildstock

4 Bei Dreibuchen, blühende Obstbaumallee

5 Bei Leithaprodersdorf, Strohtristen und Weiden in der Leithaebene

6 Bei Orth, Au an einem Donauarm

7 Bei Ernstbrunn, Allee

8 Bei Leithaprodersdorf, Strohtristen mit Baum

9 Weistrach, Scheune und Holztrockentürme einer Wagnerei mit Bäumen

10 Bei Mitterau, auf das Schloß zuführende Allee

11 Bei Wolfpassing, Pappelallee

12 Bei Attel, auf Nepomukkapelle zuführende Allee

13 Bei Goldegg, hl. Nepomuk unter dem Schutz von zwei Bäumen

14 Altpölla, hl. Nepomuk unter Bäumen

15 Kirchschlag, Kreuzweg zwischen Ortsrand und Friedhof

16 Altpölla, Kapelle mit vier Bäumen

17 Bei Krumbach, Kapelle mit Bäumen

18 Bei Brunn, Kapelle mit Baum

19 *Hafing, Kapelle mit vier Bäumen, Winter*

20 *Hafing, Kapelle mit vier Bäumen, Herbst*

21 *Hafing, Kapelle mit vier Bäumen, Frühling*

22 Els, auf den Speicher zuführende Allee

23 Wielandsthal, Kellerschlössel des Stiftes Herzogenburg

24 Bei Gerstbach, Scheune mit vier Bäumen

25 Watzelsdorf, Preßhaus mit dicht an seinen Wänden stehenden Bäumen

26 Obersteinabrunn, von Pappeln gefaßter Stadel

27 Bei Hollenstein, Preßhaus mit drei Bäumen

28 Bei Ungerndorf, Preßhaus mit zwei Bäumen

29 Bei Globasnitz, hausförmige Heuharpfe im Schutz von Bäumen

30 *Bei Kleinhain, Gruppe von Preßhäusern*

31 *Bei Kleinhain, Gruppe von Preßhäusern*

32 *Bei Kleinhain, Kellerplatzl*

33 *Bei Kleinhain, Gruppe von Preßhäusern*

34 Kleinhöflein, Hofeinfahrt mit zwei Bäumen

35 Zwentendorf, Wendeplatz um Baum

36 Obermamau, Scheunengasse mit Bäumen

37 Weistrach, Preßhaus mit Baum

38 Bei St. Peter, Vierkanter mit Bäumen an seiner Rückseite

39 Bei Sandl, Dreikanter mit Hausbaum

DER BAUM VOR DEM HAUS

40 Loibendorf, Dreiseithof mit Bäumen

41 Leodagger, Hofeinfahrt mit Baum

42 Leodagger Hauseingang mit Baum

43 Reinthal, Preßhaus mit Baum

44 Loibendorf, Dreiseithof mit Bäumen

45 Weyerburg, Fassade mit Bäumen

46 Dürnleis, Fassade mit Bäumen

47 Bei Metangitsion, Haus im Schutz von Bäumen

48 Bei Metangitsion, durch gemauerte Baumscheiben architektonisch gefaßte Bäume

49 Pyrgadikia, Café am Strand im Schutz eines Baumes

50 Dürnleis, Baum vor einer Fassade

51 Neudorf bei Staatz, drei Bäume vor Fassade

52 Baierdorf, Hofeinfahrt mit Baum

53 Wien-Hietzing, Siedlung am Franz-Schalk-Platz

54 Wilhalm, Gemeindeamt mit Bäumen

DIE GRÜNE FASSADE

55 Sikea, Eingangslaube eines Hauses

56 Bei Lauffen, Spalierbaum an einer Fassade

57 Straß, Weinranken an der Fassade eines Hauerhauses

58 Straß, Weinranken an der Fassade eines Hauerhauses

59 Tamsweg, Fassade mit Spalierbäumen

60 Weistrach, berankte Fassade

61 Bad Leonfelden, Fassade mit Spalier

62 Mondsee, überwachsene Fassade des Schlosses

63 Wien-Grinzing, teilweise überwachsene Straßenfassade des Hauses Bernatzik

64 Wien-Josefstadt, überwachsene Hoffassade des ehemaligen Sanatoriums Auersperg

65 Wien-Hietzing, Haus Scheu mit bewachsener Fassade

67 Wien-Hietzing, Haus Strasser mit bewachsener Fassade

66 Wien-Hietzing, Haus Scheu mit kahler Fassade

68 Wien-Hietzing, Haus Strasser mit kahler Fassade

69 Wien-Hietzing, Doppelhaus in der Werkbundsiedlung

70 Wien-Favoriten, überwachsene Fassade eines Hauses der Siedlung „Am Wasserturm"

71 Wien-Hohe Warte, überwachsenes Dach

72 Wien-Hohe Warte, überwachsene Fassade

73 Wien-Hohe Warte, überwachsene Fassade

74 Wien-Hohe Warte, überwachsene Fassade

75 Wien-Döbling, Hauptbaukörper und bewachsener Nebentrakt des Hauses Knips

DER BAUM IM HOF

76 Mautern, Hof des Schlosses mit mächtiger Platane

77 Wien-Floridsdorf, Platane im Paul-Speiser-Hof

78 Wien-Alsergrund, Allee im Hof des Allgemeinen Krankenhauses

79 Wien-Alsergrund, Allee im Hof des Allgemeinen Krankenhauses

80 Wien-Hietzing, Ehrenhof des Schlosses Schönbrunn mit umlaufender Baumstellung

81 Rosenburg, Vorhof der Burg mit Baum

82 Greillenstein, Obelisk und Baum im Vorbereich des Schlosses

83 Rossatz, Hof des Schlosses

84 Wien-Innere Stadt, Hof des ehemaligen Palais Caprara

85 Wien-Heiligenstadt, Karl-Marx-Hof

86 Wien-Meidling, Bebelhof

87 Wien-Landstraße, Terrassenanlage im Rabenhof

88 Steyr, berankte Hoffassade des Dunglhauses

89 Wien-Innere Stadt, Arkadenhof mit Bäumen

DER BAUM IN DER SIEDLUNG

90 Neudorf bei Staatz, pappelbestandener Dorfteich

91 Hörzendorf, von Pappeln überragter Ort

92 Els, Ortsrand mit Bäumen

93 Loretto, Dreifaltigkeitssäule auf dem baumbestandenen Anger

94 Loretto, Pestsäule auf dem baumbestandenen Anger

95 Loretto, Pieta auf dem baumbestandenen Anger

96 Broek in Waterland, baumbestandene Ortsstraße

97 Drosendorf, Baumzeile am Stadtplatz

98 St. Leonhard am Forst, durch zwei Baumreihen gefaßter Marktplatz

99 Straß, Brücke über den Gsinsbach

100 Straß, Blick auf die Kirche

101 Straß, Blick auf ein Weinhauerhaus am Gsinsbach

102 Wien-Innere Stadt, die innere Allee der Ringstraße mit dem mächtigen Gitter des Volksgartens im Hintergrund

103 Wien-Alsergrund, Blick auf die Strudelhofstiege

104 St. Tropez, von Platanen bestandener Platz

105 Collobrières, von zwei Baumreihen gefaßter Hauptplatz

106 Venedig, Baum am Campo S. Margherita

107 San Martino dall'Argine, quadratischer, an vier Seiten baumbestandener Dorfplatz

108 Alberobello, Straße mit dicht vor den Hausfassaden stehenden Bäumen

DER PARK

109 Salaberg, Statuen und Gartengebäude im Schloßpark

110 Salaberg, Statuen und Gartengebäude im Schloßpark

111 Salaberg, Statuen und Gartengebäude im Schloßpark

112 Salaberg, Statuen und Gartengebäude im Schloßpark

113 Wien-Leopoldstadt, Flakturm im Augarten

114 Wien-Hietzing, im Schönbrunner Schloßpark

115 Wien-Leopoldstadt, im Augarten

116 Wien-Hietzing, im Schönbrunner Schloßpark

117 Wien-Hietzing, im Schönbrunner Schloßpark

118 Laxenburg, Blick auf den pappelbestandenen Forstmeisterkanal

119 Eisgrub, der Orientalische Turm im Schloßpark

120 Laxenburg, Tempel der Eintracht

121 Laxenburg, die Rittersäule

122 Laxenburg, Grünes Lusthaus

123 Laxenburg, Blick aus dem Grünen Lusthaus

124 Wien-Währing, Blick in den Pötzleinsdorfer Schloßpark

TAFELVERZEICHNIS

1 Bei Neumarkt (Oberösterreich), Vierkanthof mit Allee
Die Pappelallee vor dem typischen Mühlviertler Vierkanter führt das Bauwerk organisch in die Landschaft über

2 Bei Mamau (Niederösterreich), Obstbaumallee
Die von Alleebäumen begleiteten Landstraßen bilden wichtige Gliederungsmittel der Kulturlandschaft

3 Bei St. Pölten (Niederösterreich), Straßenkreuzung mit zwei Bäumen und Bildstock
Die Bedeutung von Kreuzungspunkten wird durch das Errichten von Wegkreuzen und das Beistellen von Bäumen unterstrichen

4 Bei Dreibuchen (Niederösterreich), Obstbaumallee
Zwischen den Feldern liegende Hecken oder Baumpflanzungen dienten als willkommener Windschutz

5 Bei Leithaprodersdorf, Strohtristen und Weiden in der Leithaebene
Baum und – in diesem Fall kurzlebiges – Bauwerk als „Möblierung" der Landschaft

6 Bei Orth (Niederösterreich), Au an einem Donauarm
Die Landschaft durchziehende Flußläufe erhalten durch die Uferbepflanzung räumliche Qualitäten

7 Bei Ernstbrunn (Niederösterreich), Allee
Die Allee einer auf das Schloß zuführenden Straße grenzt den Herrschaftsbereich auch optisch ein

8 Bei Leithaprodersdorf, Strohtristen mit Baum
Die Bauern stellen die in Hausform errichteten Strohtristen dort, wo es möglich ist, gern unter den Schutz von Bäumen

9 Weistrach (Niederösterreich), Scheune und Holztrockentürme einer Wagnerei mit Bäumen
Das für fünf Jahre in Form von geschwungenen Türmen unter Bäumen zum Trocknen aufgeschichtete Eichenholz

10 Bei Mitterau (Niederösterreich), zum Schloß führende Allee
Die architektonisch vorgegebenen Achsen werden durch Alleen räumlich gefaßt und unterstreichen die Monumentalität des dahinter verborgenen Bauwerkes

11 Bei Wolfpassing (Niederösterreich), Pappelallee
Die Straße wird durch die sie begleitenden Pappeln zum weithin verfolgbaren, interessanten Bewegungsraum

12 Bei Attel (Bayern), auf Nepomukkapelle zuführende Allee
Die Allee bildet den Schlußpunkt einer weit in die Wiesenlandschaft hinausführenden Allee

13 Bei Goldegg (Niederösterreich), hl. Nepomuk unter dem Schutz von zwei Bäumen
Die Wirkung der barocken Nepomukstatue im Vorbereich des Schlosses wird durch die Bäume bedeutend gesteigert

14 Altpölla (Niederösterreich), hl. Nepomuk unter Bäumen
Die vier Bäume um die Statue grenzen von der umgebenden Landschaft einen nur mit dem griechischen Wort „temenos" faßbaren „Heiligen Bezirk" ab

15 Kirchschlag (Niederösterreich), Kreuzweg zwischen Ortsrand und Friedhof
Den aus der 1. H. des 18. Jh. stammenden Kreuzweg begleiten zwischen den einzelnen Kapellen stehende Bäume

16 Altpölla (Niederösterreich), Kapelle mit vier Bäumen, bezeichnet 1715
17 Bei Krumbach (Niederösterreich), Kapelle mit Bäumen
18 Bei Brunn (Niederösterreich), Kapelle mit Baum
19–21 Hafing (Niederösterreich), Kapelle mit vier Bäumen, Winter, Herbst, Frühling
Kleine, in der Landschaft freistehende Wegkreuze und Bildstöcke wurden in der Regel unter den Schutz von Bäumen gestellt, die sie trotz ihrer geringen Größe zu weithin sichtbaren Orientierungspunkten werden lassen

22 Els (Niederösterreich, auf den Speicher zuführende Allee
Die Allee führt auf den aus dem 17. Jh. stammenden Schüttkasten mit seinem später eingesetzten Portal des 16. Jh.

23 Wielandsthal (Niederösterreich), Kellerschlössel des Stiftes Herzogenburg
Das Bauwerk mit einem weitläufigen Keller und reichgezierten Räumen im Obergeschoß wurde nach 1726 durch J. Munggenast errichtet

24 Bei Gerstbach (Niederösterreich), Scheune mit vier Bäumen
25 Watzelsdorf (Niederösterreich), Preßhaus mit dicht an seinen Wänden stehenden Bäumen
26 Obersteinabrunn (Niederösterreich), von Pappeln gefaßter Stadel
27 Bei Hollenstein (Niederösterreich), Preßhaus mit drei Bäumen
28 Bei Ungerndorf (Niederösterreich), Preßhaus mit zwei Bäumen
29 Bei Globasnitz (Kärnten), hausförmige Heuharpfe im Schutz von Bäumen
In der Landschaft freistehende Wirtschafts- und Nutzgebäude wurden durch Einpflanzen mit Bäumen, die ganz dicht am Gebäude stehen, an ihrem Standort fest verwurzelt und zusätzlich vor den Einflüssen der Witterung geschützt

30 Bei Kleinhain (Niederösterreich), Gruppe von Preßhäusern mit blühendem Kastanienbaum
31 Bei Kleinhain (Niederösterreich), Gruppe von Preßhäusern, Herbst
32 Bei Kleinhain (Niederösterreich), Kellerplatzl mit Baum
33 Bei Kleinhain (Niederösterreich), Gruppe von Preßhäusern, Frühling
Im Zentrum von zu Räumen (Gassen und Plätzen) gruppierten Wirtschaftsgebäuden stehen häufig mächtige, schattenwerfende Bäume

34 Kleinhöflein (Burgenland), Hofeinfahrt mit zwei Bäumen
Die Bedeutung der Hofeinfahrt wird durch die sie rahmenden Bäume unterstrichen

35 Zwentendorf (Niederösterreich), Wendeplatz um Baum
Um den mittleren Baum an der platzförmigen Erweiterung am Ende einer Zeile von Preßhäusern wurde ein Wendeplatz für die Fuhrwerke angelegt

36 Obermamau (Niederösterreich), Scheunengasse
Vor der am Ortsrand stehenden Zeile von Scheunen leiten die davorstehenden Bäume in die umgebende Landschaft über

37 Weistrach (Niederösterreich), Preßhaus mit Baum
Beispiel eines für das Mostviertel typischen, kleinen, aus Ziegeln errichteten Preßhauses

38 Bei St. Peter (Niederösterreich), Vierkanter mit Bäumen
Die in der Hauptwindrichtung stehenden Bäume übernehmen den Schutz des hochgelegenen Gehöftes vor der Witterung

39 Bei Sandl (Oberösterreich), Dreikanter mit Hausbaum
Der Baum steht an der Vorderfront eines für das Mühlviertel typischen, zum Teil noch strohgedeckten und aus Steinmauerwerk mit gekalkten Fugen errichteten Bauernhauses

40 Loibendorf (Niederösterreich), Dreiseithof mit Bäumen
41 Leodagger (Niederösterreich), Hofeinfahrt mit Baum
42 Leodagger (Niederösterreich), Hauseingang mit Baum
43 Reinthal (Niederösterreich), Preßhaus mit Baum
44 Loibendorf (Niederösterreich), Dreiseithof mit Bäumen
45 Weyerburg (Niederösterreich), Fassade mit Bäumen
46 Dürnleis (Niederösterreich), Fassade mit Bäumen
Dicht an den Fassaden stehende Laubbäume treten vor allem in gemäßigten Klimaten auf und schützen dort das Haus im Sommer vor der Sonne, im Winter ermöglichen sie ihre ungehinderte Einstrahlung

47 Bei Metangitsion (Chalkidike), Haus im Schutz von Bäumen
48 Bei Metangitsion (Chalkidike), durch gemauerte Baumscheiben architektonisch gefaßte Bäume
Insbesondere in den extremen Klimazonen des Südens ermöglicht erst der Dach und Wände beschattende Baum das Leben

49 Pyrgadikia (Chalkidike), Café am Strand im Schutz eines Baumes
Der weite Schatten des Baumes bildet den Mittelpunkt des öffentlichen Lebens im Dorf

50 Dürnleis (Niederösterreich), Baum vor einer Fassade
Die in kräftigen Farben gehaltene Fassade ist ein typisches Beispiel für die unter städtischem Einfluß stehende bäuerliche Architektur um die Wende vom 19. zum 20. Jh.

51 Neudorf bei Staatz (Niederösterreich), drei Bäume vor Fassade
Die die Fassade beschattenden Bäume trennen hier zusätzlich den noch nicht befestigten Gehweg von der Fahrbahn und geben so dem Haus ähnlich einem Vorgarten eine ruhige, das Leben in den erdgeschossigen Wohnräumen erst ermöglichende Pufferzone

52 Baierdorf (Niederösterreich), Hofeinfahrt mit Baum
Der Hausbaum vor dem Einfahrtstor oder der Eingangstür war meist jener Platz, in dessen Schatten die Hausbank zum Tratsch mit den Nachbarn einlud

53 Wien-Hietzing, Siedlung am Franz-Schalk-Platz
Die Häuser der Malfattisiedlung am Rande des Wienerwaldes wurden 1932 von C. S. Drach errichtet

54 Wilhalm (Niederösterreich), Gemeindeamt mit Bäumen
Im Schatten der Bäume entfaltet sich ein lebendiger Vorbereich, der in den meisten Fällen bereits verlorengegangen ist

55 Sikea (Chalkidike), Eingangslaube eines Hauses
Die Weinranken beschützen den Eingang mit den weißgekalkten Stufen

56 Bei Lauffen (Oberösterreich), Spalierbaum an einer Fassade
Im rauhen Klima des Alpenvorlandes boten Spalierbäume die einzige Möglichkeit, Obstbau zu betreiben

57, 58 Straß (Niederösterreich), Weinranken an der Fassade eines Hauerhauses
Dieses Haus ist eines der wenigen erhaltenen Beispiele dafür, welche Qualitäten die Vorbereiche der Häuser den Bewohnern ursprünglich anzubieten imstande waren

59 Tamsweg (Salzburg), Fassade mit Spalierbäumen
60 Weistrach (Niederösterreich), berankte Fassade
61 Bad Leonfelden (Oberösterreich), Fassade mit Spalier
62 Mondsee (Oberösterreich), überwachsene Fassade des ehemaligen Stiftsgebäudes und heutigen Schlosses von 1776–1780
Holzgerüste und Bewuchs erteilen den Fassaden zusätzliche, sich im Laufe des Wachstums und der Jahreszeiten immer ändernde Gliederungen

63 Wien-Grinzing, teilweise überwachsene Straßenfassade des Hauses Bernatzik
J. Hoffmann verwendet bei diesem 1912–1914 errichteten Haus den Bewuchs, um den unteren Teil des Hauses vom kahlen Obergeschoß zu separieren

64 Wien-Josefstadt, überwachsene Hoffassade des ehemaligen Sanatoriums Auersperg
65 Wien-Hietzing, Haus Scheu mit bewachsener Fassade
66 Wien-Hietzing, Haus Scheu mit kahler Fassade
67 Wien-Hietzing, Haus Strasser mit bewachsener Fassade
68 Wien-Hietzing, Haus Strasser mit kahler Fassade
Am Beispiel dieser beiden von A. Loos 1912 bzw. 1919 errichteten Häuser ist der Einfluß des Bewuchses auf die Wirkung von Fassaden ersichtlich

69 Wien-Hietzing, Doppelhaus in der Werkbundsiedlung
Bepflanzung des Vorgartens und Bewuchs der Fassade nehmen der Architektur viel von ihrer Härte (A. Loos, 1930)

70 Wien-Favoriten, überwachsene Fassade eines Hauses der Siedlung „Am Wasserturm"
Die Häuser mit ihren heute großteils überwachsenen Fassaden wurden von F. Schuster und Schacherl 1924 errichtet

71 Wien-Hohe Warte, überwachsenes Dach
72 Wien-Hohe Warte, überwachsene Fassade
73 Wien-Hohe Warte, überwachsene Fassade
74 Wien-Hohe Warte, überwachsene Fassade des Hauses Ast, später Mahler-Werfel, von J. Hoffmann, 1909/10
Überwachsene Fassaden entfalten ihre volle Wirkung durch den Wechsel der Färbung des Laubes im Laufe der Jahreszeiten

75 Wien-Döbling, Hauptbaukörper und bewachsener Nebentrakt des Hauses Knips
J. Hoffmann versucht bei diesem 1924 errichteten Haus den Nebentrakt durch den Bewuchs vom geometrisch klar definierten Hauptbaukörper zu isolieren

76 Mautern (Niederösterreich), Hof des Schlosses mit mächtiger Platane
Der Baum beherrscht den Hof des vom 15. bis zum 18. Jh. errichteten Schlosses

77 Wien-Floridsdorf, Platane im Paul-Speiser-Hof
Bei der Errichtung der Wohnbauten der Gemeinde Wien in den dreißiger Jahren wurde großer Wert darauf gelegt, den vorhandenen Baumbestand bei der Planung zu berücksichtigen (Architekten Scheffel, Glaser, Lichtblau und Bauer, 1929)

78, 79 Wien-Alsergrund, Allee im Hof des Allgemeinen Krankenhauses
Der Haupthof des 1693 errichteten, 1725 erweiterten und 1783/84 umgestalteten Allgemeinen Krankenhauses wird durch mehrere Alleen in überschaubare Teile zerlegt

80 Wien-Hietzing, Ehrenhof des Schlosses Schönbrunn mit umlaufender Baumstellung
Das Schloß wurde ab 1695/96 nach Entwürfen des J. B. Fischer von Erlach errichtet und ab 1737 durch J. E. Fischer von Erlach und zwischen 1744 und 1749 durch N. Pacassi entscheidend verändert

81 Rosenburg (Niederösterreich), Vorhof der Burg mit Baum
Die urkundlich 1175 erstmals erwähnte Burg wurde zwischen 1478 und 1597 in mehreren Etappen großzügig ausgebaut

82 Greillenstein (Niederösterreich), Obelisk und Baum im Vorbereich des Schlosses
Die mittelalterliche Anlage erfuhr in der 2. H. 16. Jh. entscheidende Veränderungen, aus der Zeit der Umbauten um 1700 stammt auch der Obelisk

83 Rossatz (Niederösterreich), Hof des Schlosses
16. Jh., im 18. Jh. Aufstockung (Holzsäulen)

84 Wien-Innere Stadt, Hof des ehemaligen Palais Caprara
1698 nach Entwurf von D. E. Rossi errichtet

85 Wien-Heiligenstadt, Karl-Marx-Hof
Der an seinen Schmalseiten mit Baumreihen bepflanzte Ehrenhof des 1925 für die Gemeinde Wien von K. Ehn errichteten Wohnbaues

86 Wien-Meidling, Bebelhof
Blick in den Haupthof des 1925 für die Gemeinde Wien von K. Ehn errichteten Wohnbaues

87 Wien-Landstraße, Terrassenanlage im Rabenhof
Der Rabenhof, von den Architekten Schmid und Aichinger 1925 errichtet, weist weiträumige, nach den Prinzipien des malerischen Städtebaues von C. Sitte geplante, stark durchgrünte Höfe auf

88 Steyr (Oberösterreich), berankte Hoffassade des Dunglhauses
Arkadengang von 1520–1527 mit gedrehten Säulen

89 Wien-Innere Stadt, Arkadenhof mit Bäumen
An zwei Seiten heute zum Großteil durch Fenster verschlossene Spätrenaissancearkaden (E. 16. Jh.) im Hof des Amerlinghauses

90 Neudorf bei Staatz (Niederösterreich), pappelbestandener Dorfteich
91 Hörzendorf (Kärnten), von Pappeln überragter Ort
92 Els (Niederösterreich), Ortsrand mit Bäumen
Siedlungen im ländlichen Bereich waren ursprünglich immer dicht mit Bäumen eingepflanzt, die sich in den Ort hineinzogen und so eine innige Verknüpfung von Siedlung und Landschaft ermöglichten

93 Loretto (Burgenland), Dreifaltigkeitssäule (bez. 1703) auf dem baumbestandenen Anger
94 Loretto (Burgenland), Pestsäule (err. 1680) auf dem baumbestandenen Dorfanger
95 Loretto (Burgenland), Pieta (1. H. 18. Jh.) auf dem baumbestandenen Dorfanger
Auf dem 330 mal 100 Meter großen, mit Nußbäumen bestandenen Dorfanger stehen regelmäßig angeordnet Dreifaltigkeitssäule, Pestsäule und Pieta

96 Broek in Waterland (Holland), baumbestandene Ortsstraße
97 Drosendorf (Niederösterreich), Baumzeile am Stadtplatz
98 St. Leonhard am Forst, Marktplatz mit zwei Baumreihen
Bäume ziehen die umgebende Natur mit ins Ortszentrum hinein und beeinflussen die räumlichen Qualitäten von Gassen, Straßen und Plätzen

99 Straß (Niederösterreich), Brücke über den Gsinsbach
100 Straß (Niederösterreich), Blick über den Gsinsbach auf die Kirche
101 Straß (Niederösterreich), Blick auf ein Weinhauerhaus am Gsinsbach
Eines der wenigen Beispiele für einen in den meisten seiner ursprünglichen Qualitäten erhaltenen Ortsraum

102 Wien-Innere Stadt, die innere Allee der Ringstraße mit dem mächtigen Gitter des Volksgartens im Hintergrund
Die großen Boulevards des 19. Jh. wurden erst durch die Auspflanzung von Alleen zu brauchbaren städtischen Lebensräumen

103 Wien-Alsergrund, Blick auf die Strudelhofstiege
Vielgestaltige, durchgrünte Treppenanlage, Anf. 20. Jh.

104 St. Tropez (Provence), von Platanen bestandener Platz
105 Collobrières (Provence), von zwei Baumreihen gefaßter Hauptplatz
Im Süden bilden die von Bäumen bestandenen Plätze das Zentrum öffentlichen Lebens

106 Venedig, Baum am Campo S. Margherita
Für die Plätze Venedigs sind die kargen, stets alleinstehenden Bäume charakteristisch

107 San Martino dall'Argine (Lombardei), quadratischer, an vier Seiten baumbestandener Platz
Die dichten Baumreihen schließen diesen Platz zu einer ungeheuer starken Einheit

108 Alberobello (Apulien), Straße mit dicht vor den Hausfassaden stehenden Bäumen
Ähnlich wie bei den Höfen burgenländischer Wohnhäuser (Hofgassen) finden sich auch in diesen ebenfalls zum Sitzen und Arbeiten genützten Bereichen nur sehr karge Bäume

109–112 Salaberg (Niederösterreich), Statuen und Gartengebäude im Schloßpark
Der Garten wurde um 1700 im Zuge der Schloßerweiterung unter F. F. Graf Salburg von einem unbekannten Künstler angelegt

113 Wien-Leopoldstadt, Flakturm im Augarten
Der Flakturm wurde 1940 von F. Tamms im großen Stern des 1649/50 angelegten und 1712 von J. Trehet erneuerten Parks errichtet; bemerkenswertes Beispiel für die geglückte Einfügung neuer Strukturen in ein historisch gewachsenes Gefüge

114 Wien-Hietzing, im Schönbrunner Schloßpark
Blick in die große Allee

115 Wien-Leopoldstadt, im Augarten
Rechts Maschine mit Schablone zum Beschneiden der Bäume

116 Wien-Hietzing, im Schönbrunner Schloßpark
Blick auf die das große Gartenparterre begrenzenden Bosquets

117 Wien-Hietzing, im Schönbrunner Schloßpark
Blick in einen Laubengang im Kronprinzengarten westlich des Schlosses

118 Laxenburg (Niederösterreich), Blick auf den pappelbestandenen Forstmeisterkanal
Trassierung um 1800, Vollendung nach 1815 unter J. Lenné

119 Eisgrub (Mähren), der Orientalische Turm im Schloßpark
1797–1800 von J. Hardtmuth als Blickpunkt vom Schlosse als aufwendiges Beispiel der frühen Romantik errichtet

120 Laxenburg (Niederösterreich), Tempel der Eintracht
1795 in klassizistischen Formen von J. Moretti errichtet

121 Laxenburg (Niederösterreich), die Rittersäule
Aus verschiedenen Spolien zusammengefügtes, von zwei Löwen flankiertes Monument

122 Laxenburg (Niederösterreich), Grünes Lusthaus
1753 errichteter Holzpavillon, der in dem aus der Zeit Maria Theresias stammenden französischen Teil des Schloßparks liegt

123 Laxenburg (Niederösterreich), Blick aus dem Grünen Lusthaus
Blick in eine der acht vom Grünen Lusthaus sternförmig auseinandergehenden Alleen

124 Wien-Währing, Blick in den Pötzleinsdorfer Schloßpark
Der Park wurde Anf. 19. Jh. durch den Kunstgärtner K. A. Rosenthal angelegt

BIBLIOGRAPHIE

ACHLEITNER FRIEDRICH
Bauen in der Landschaft
Ansätze zu einem Thema
in: Protokolle 2/1976
Wien 1976

ACHLEITNER FRIEDRICH (Hrsg.)
Die Ware Landschaft
Eine kritische Analyse
des Landschaftsbegriffs
Salzburg 1977

BAUMGÄRTNER FRIEDRICH
Kleines Ideenmagazin zur Verschönerung
der Gärten und ländlichen Gegenden
Leipzig 1779–1806

Neue Gartenbaukunst oder Sammlung
neuer Ideen
zur Verzierung der Gärten und Parks
Leipzig 1818–1824

BOULLEÉ, LEDOUX, LEQUEU
Revolutionsarchitektur
Baden-Baden 1970

BRAUNFELS WOLFGANG
Abendländische Stadtbaukunst
Herrschaftsform und Baugestalt
Köln 1976

BRINCKMANN A. E.
Platz und Monument
Untersuchungen zur Geschichte der Äs-
thetik der Stadtbaukunst in neuerer Zeit
Berlin 1912

Stadtbaukunst vom Mittelalter
bis zur Neuzeit
(Handbuch der Kunstwissenschaft)
Wildpark-Potsdam 1925

BRIX MICHAEL,
STEINHAUSER MONIKA (Hrsg.)
Geschichte allein ist zeitgemäß
Historismus in Deutschland
Lahn-Gießen 1978

DREGER MORITZ
Der englische Garten und seine
Beziehung zur Baukunst
in: Allgemeine Bauzeitung, 61. Jg.
Wien 1896

DURAND J. N. L.
Recueil et parallèle des èdifices de tout
genre, anciens et modernes
Paris 1800

EGLI EMIL
Natur in Not. Gefahren der
Zivilisationslandschaft
Bern und Stuttgart 1971

EGLI ERNST
Geschichte des Städtebaues
Erlenbach-Zürich und Stuttgart 1959

FEUERSTEIN GÜNTHER
Archetypen des Bauens
Studie 1965–67, überarbeitet 1974
in: Transparent.
Wien 11/12 1972

GOTHEIN MARIE LUISE
Geschichte der Gartenkunst
Jena 1914

HALLBAUM FRANZ
Der Landschaftsgarten
Sein Entstehen und seine Einführung in
Deutschland durch
Friedrich Ludwig Schell 1750–1823
München 1927

HIRSCHFELD C. C. L.
Theorie der Gartenkunst
Leipzig 1779–85

JÄGER H.
Lehrbuch der Gartenkunst
Berlin und Leipzig 1877

JUNG CARL GUSTAV
Von den Wurzeln des Bewußtseins
Studien über den Archtypus
Zürich 1954

JÜNGER ERNST,
SIEDLER WOLF JOBST
Bäume
Frankfurt, Berlin, Wien 1976

KAUT HUBERT
Wiener Gärten
Vier Jahrhunderte Gartenkunst
Wien 1964

KOCH HUGO
Gartenkunst im Städtebau
Berlin 1921

KRÄFTNER JOHANN
Naive Architektur in Niederösterreich
St. Pölten 1977

KRIER ROB
Stadtraum in Theorie und Praxis
Stuttgart 1975

LURKER MANFRED
Der Baum in Glauben und Kunst unter
besonderer Berücksichtigung der Werke
des Hieronymus Bosch. Studien zur
Deutschen Kunstgeschichte, Band 328
Baden-Baden/Strasbourg 1960

MATTERN HERMANN
Gras darf nicht mehr wachsen
Berlin–Frankfurt–Wien 1964

PÜCKLER-MUSKAU
HERMANN FÜRST
Andeutungen über Landschaftsgärtnerei
verbunden mit der Beschreibung ihrer
praktischen Anwendung in Muskau
Stuttgart 1834

RAINER ROLAND
Lebensgerechte Außenräume
Zürich 1972

SCHWEIGER WERNER J.
Wiener Jugendstil-Gärten
Wien 1979

SCHULTZE-NAUMBURG PAUL
Kulturarbeiten
Band I: Die Gestaltung der Landschaft
durch den Menschen
München 1922

SEDLMAYR HANS
Gefahr und Hoffnung des technischen
Zeitalters
Salzburg 1970

Verlust der Mitte
Die bildende Kunst des 19. und
20. Jahrhunderts als Symbol der Zeit
Frankfurt, Berlin, Wien 1973

SEIFERT ALWIN
Im Zeitalter des Lebendigen
München 1941

Ein Leben für die Landschaft
Düsseldorf 1962

SENING CHRISTOPH
Bedrohte Erholungslandschaft
München 1977

TAUT BRUNO
Architekturlehre
Grundlagen, Theorie und Kritik,
Beziehung zu den anderen Künsten und
zur Gesellschaft
Hamburg/West-Berlin 1977

WAGNER OTTO
Die Großstadt
Eine Studie über diese
Wien 1911

Die Baukunst unserer Zeit
Dem Baukunstjünger ein Führer auf
diesem Kunstgebiete
Wien 1914

WANGERIN GERDA,
WEISS GERHARD
Heinrich Tessenow, ein Baumeister
1876–1950
Leben. Lehre. Werk
Essen 1976